Köstlich lustig
Kawaii-Essen
Malbuch

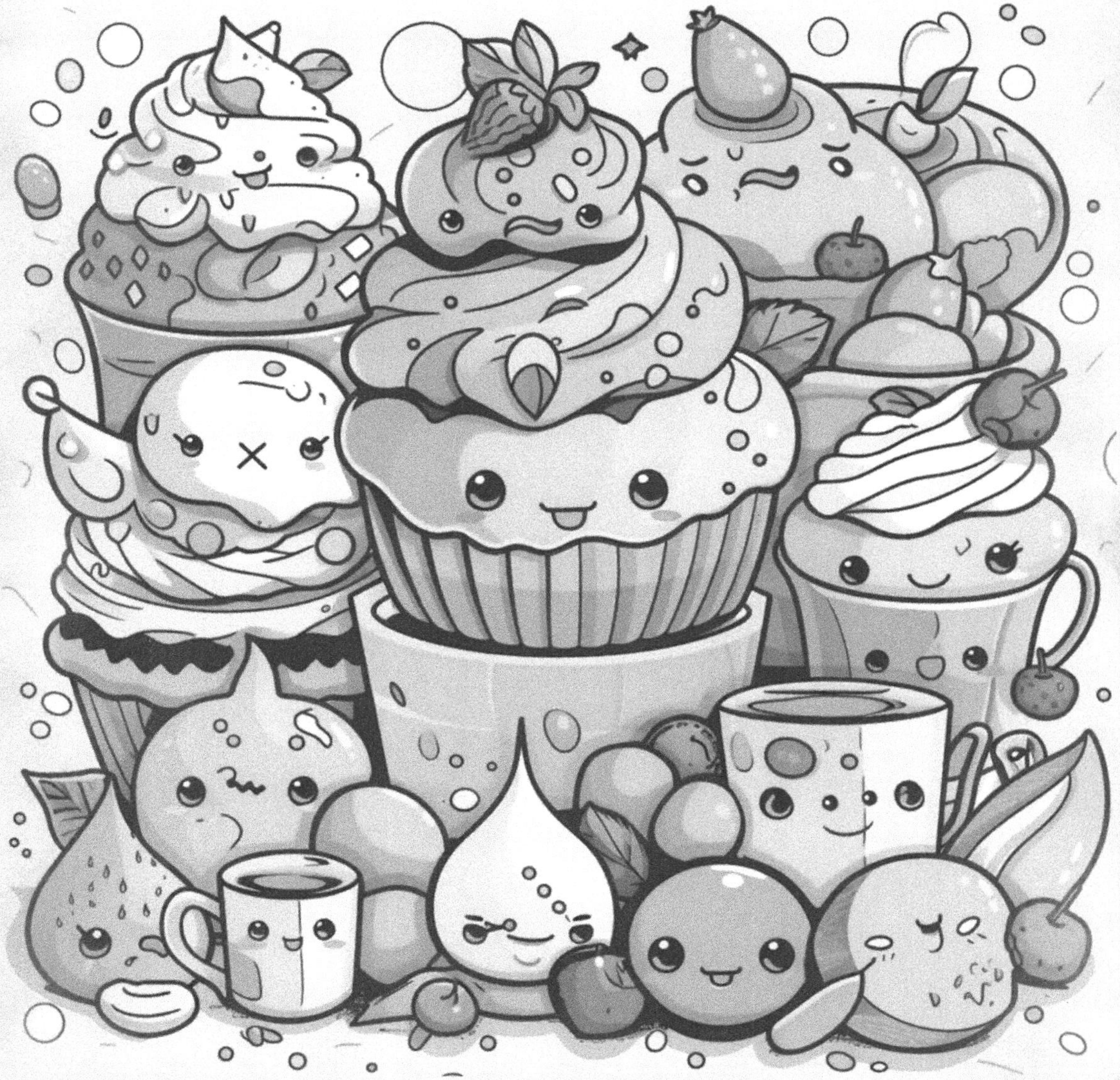

Art and Japan Editions

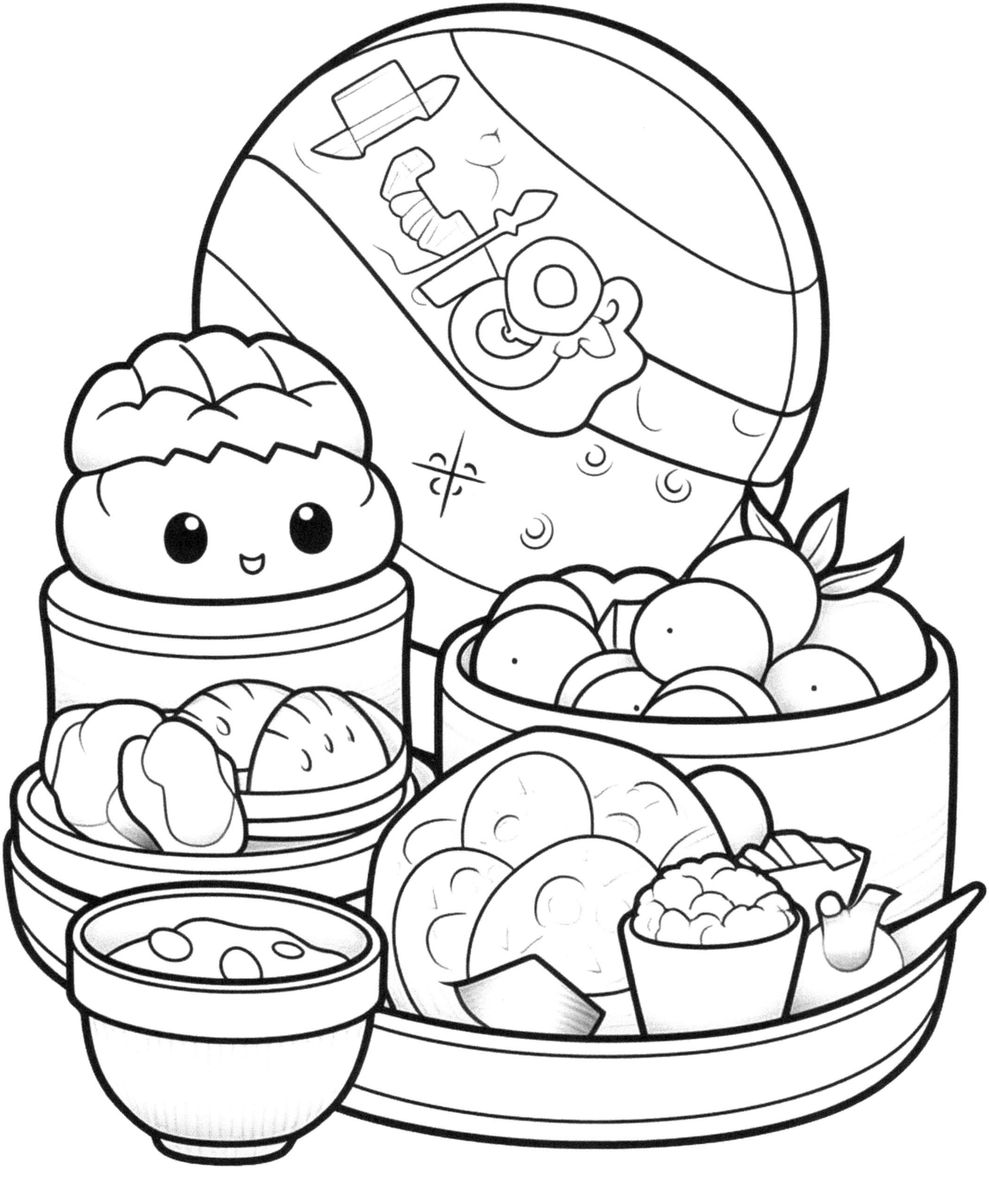

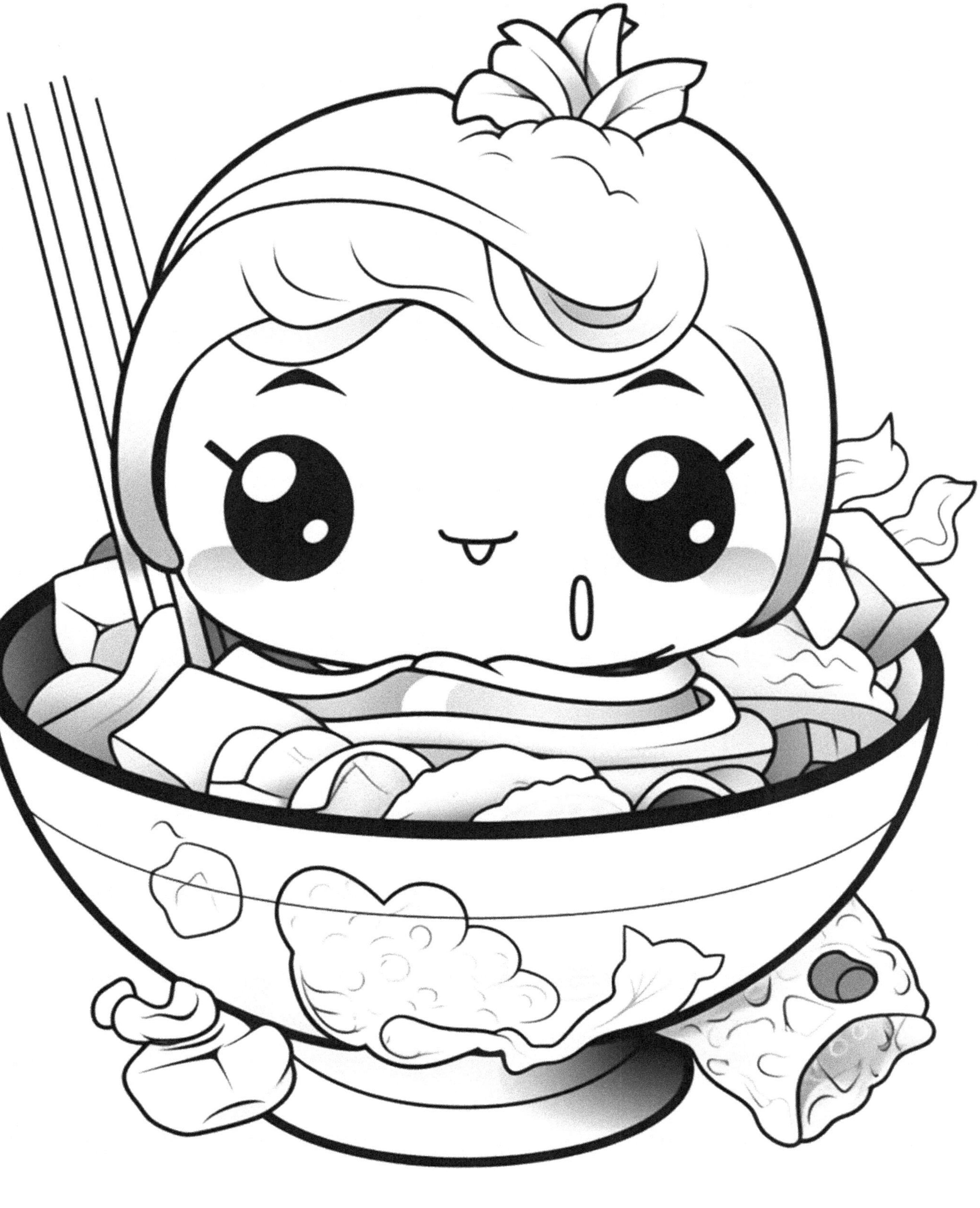

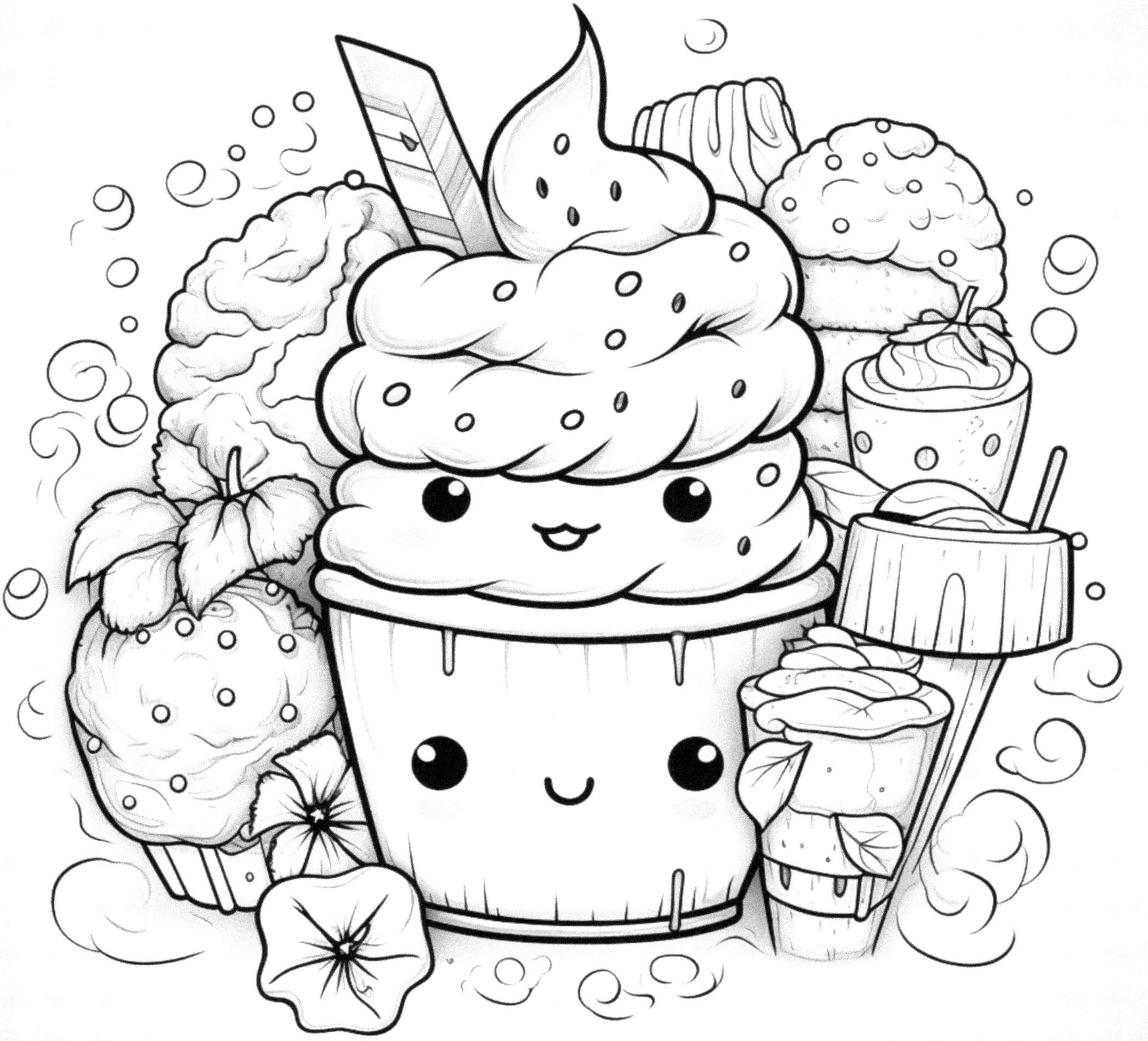

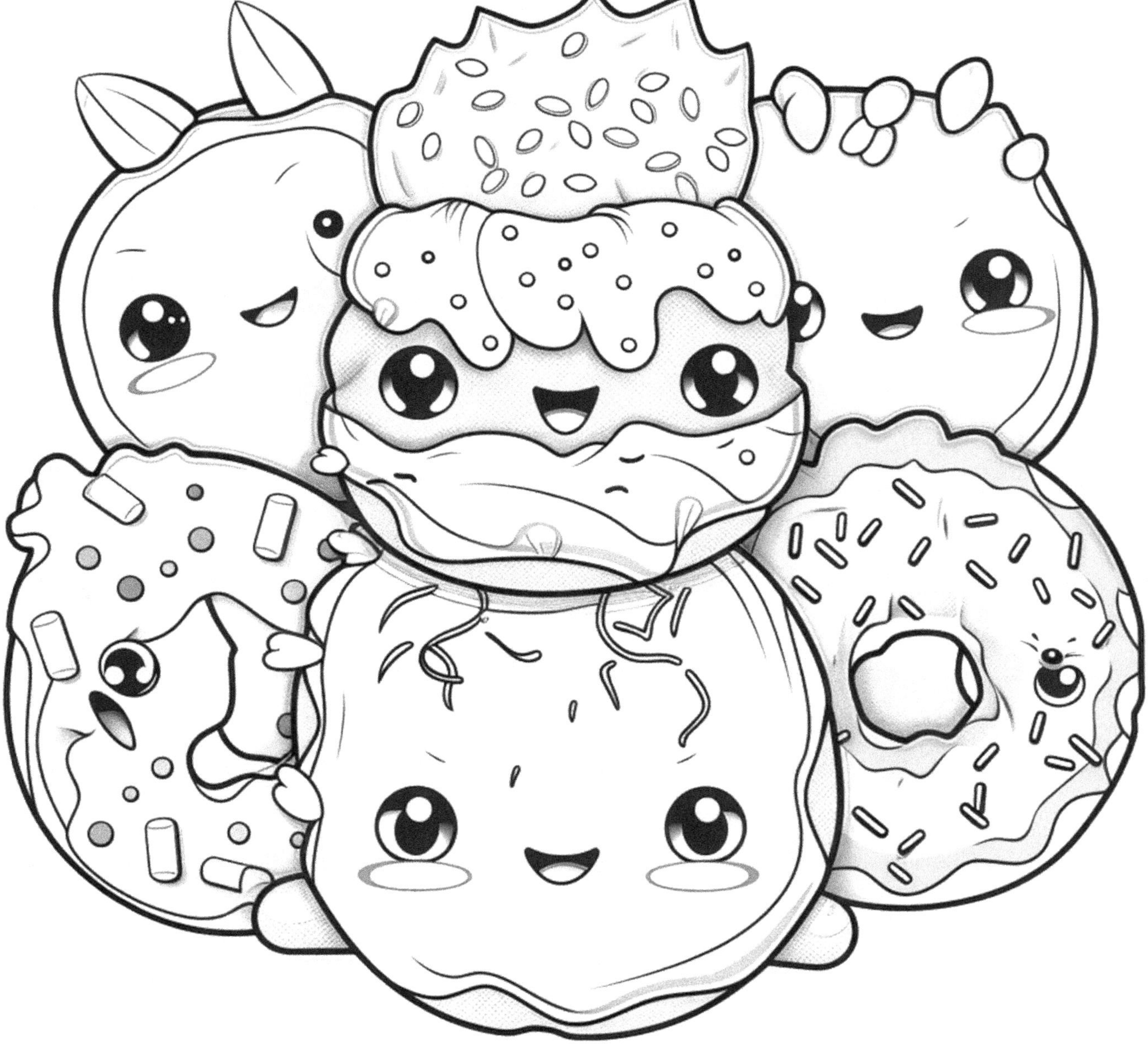

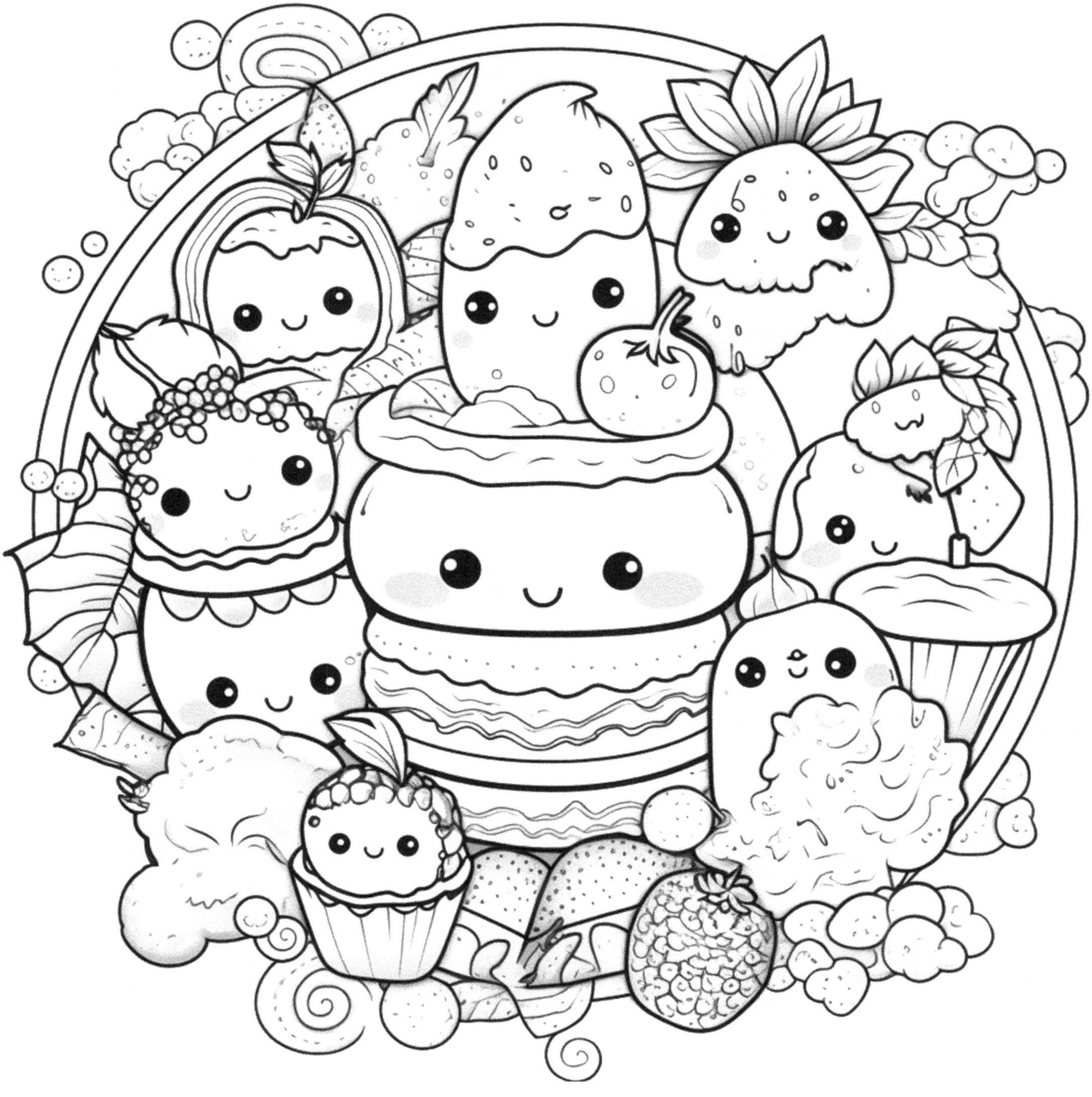

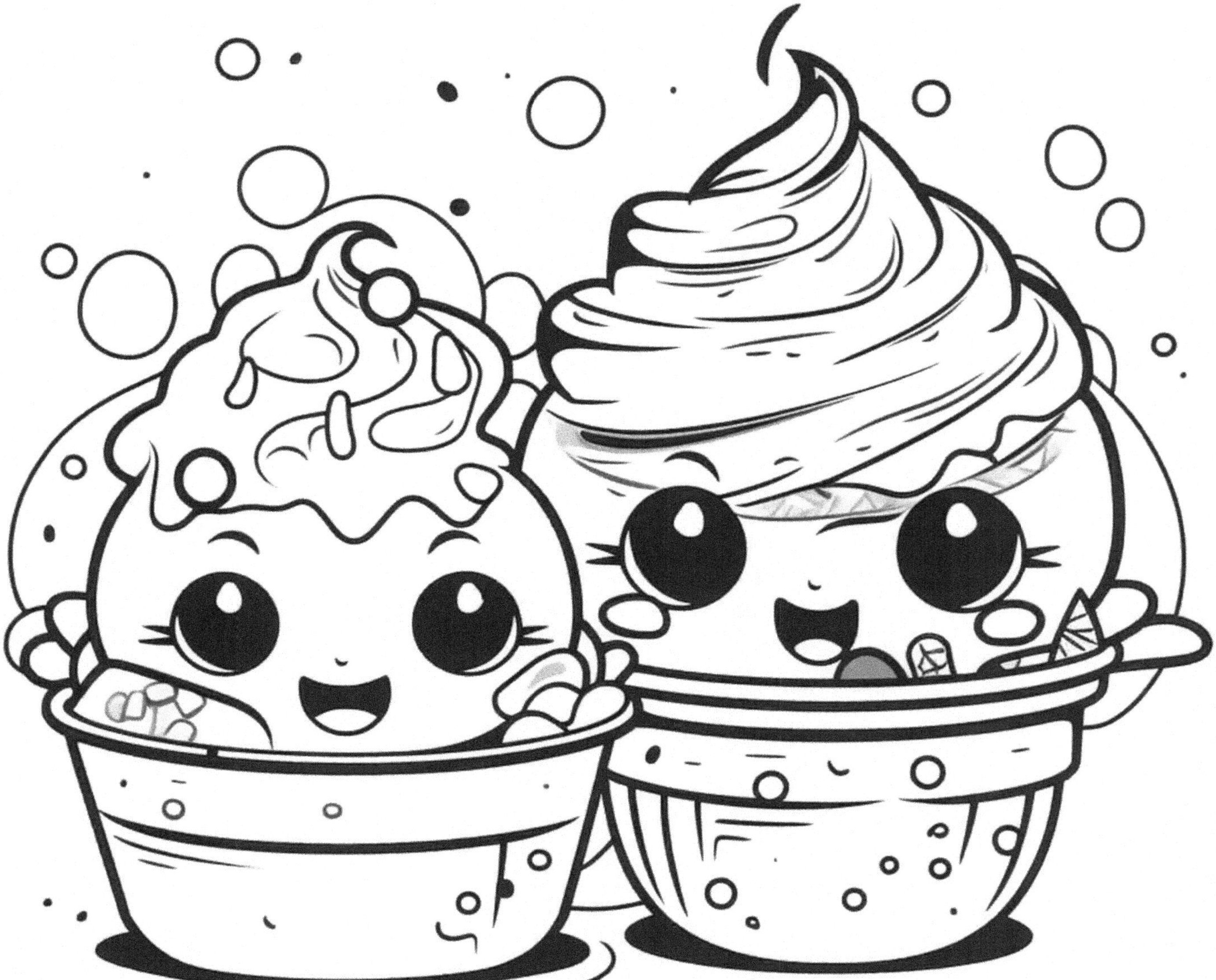

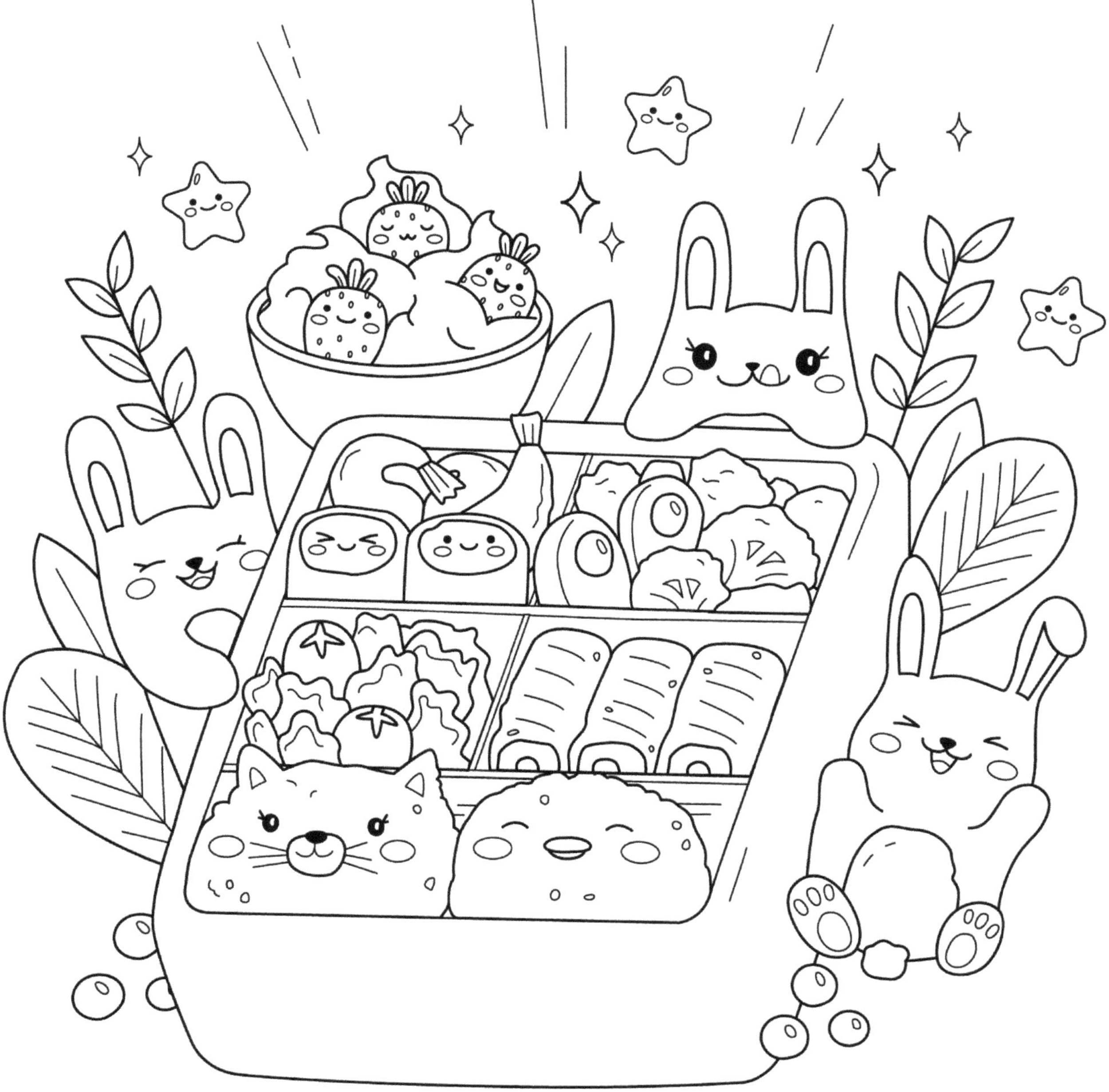

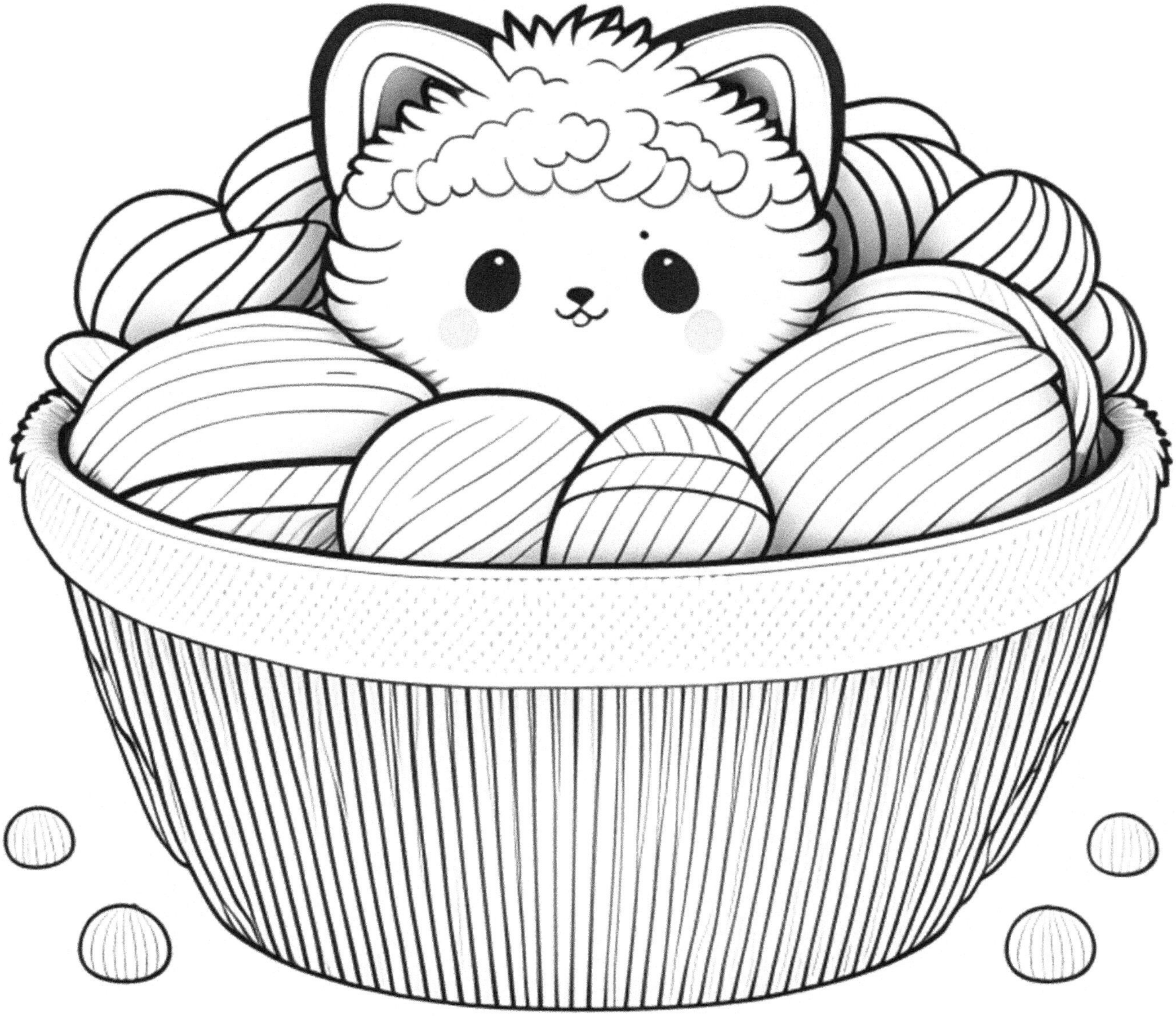

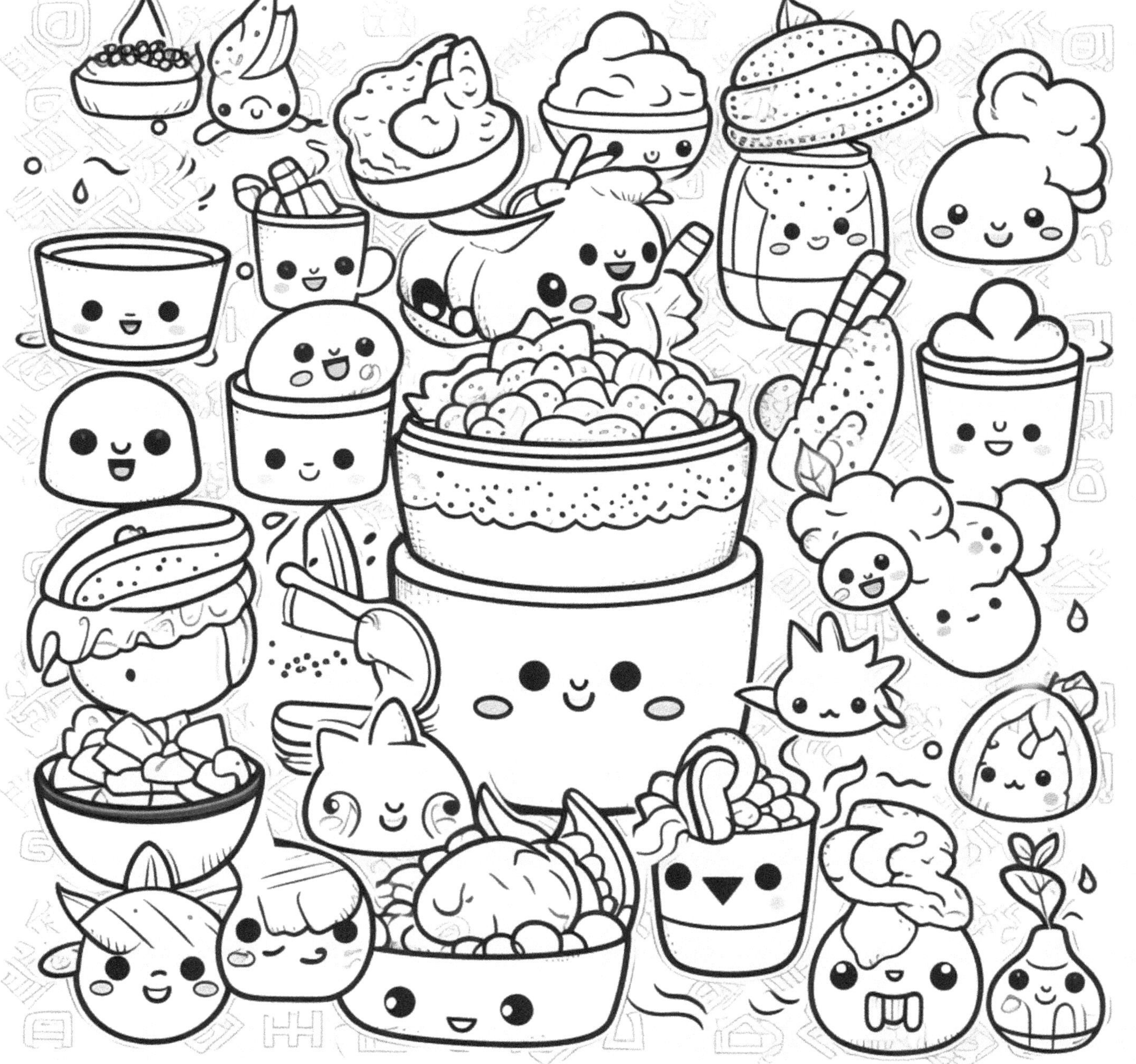

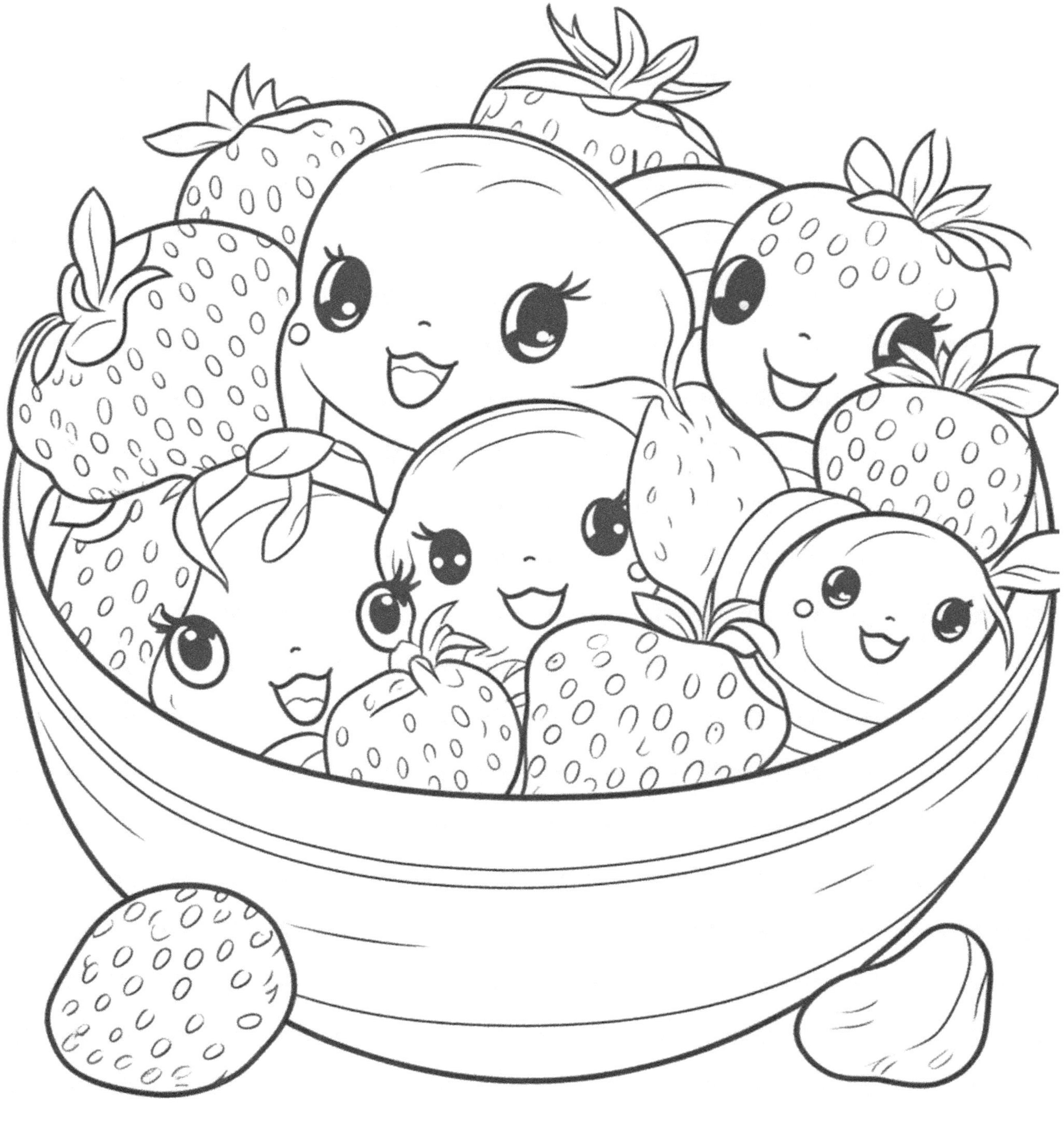

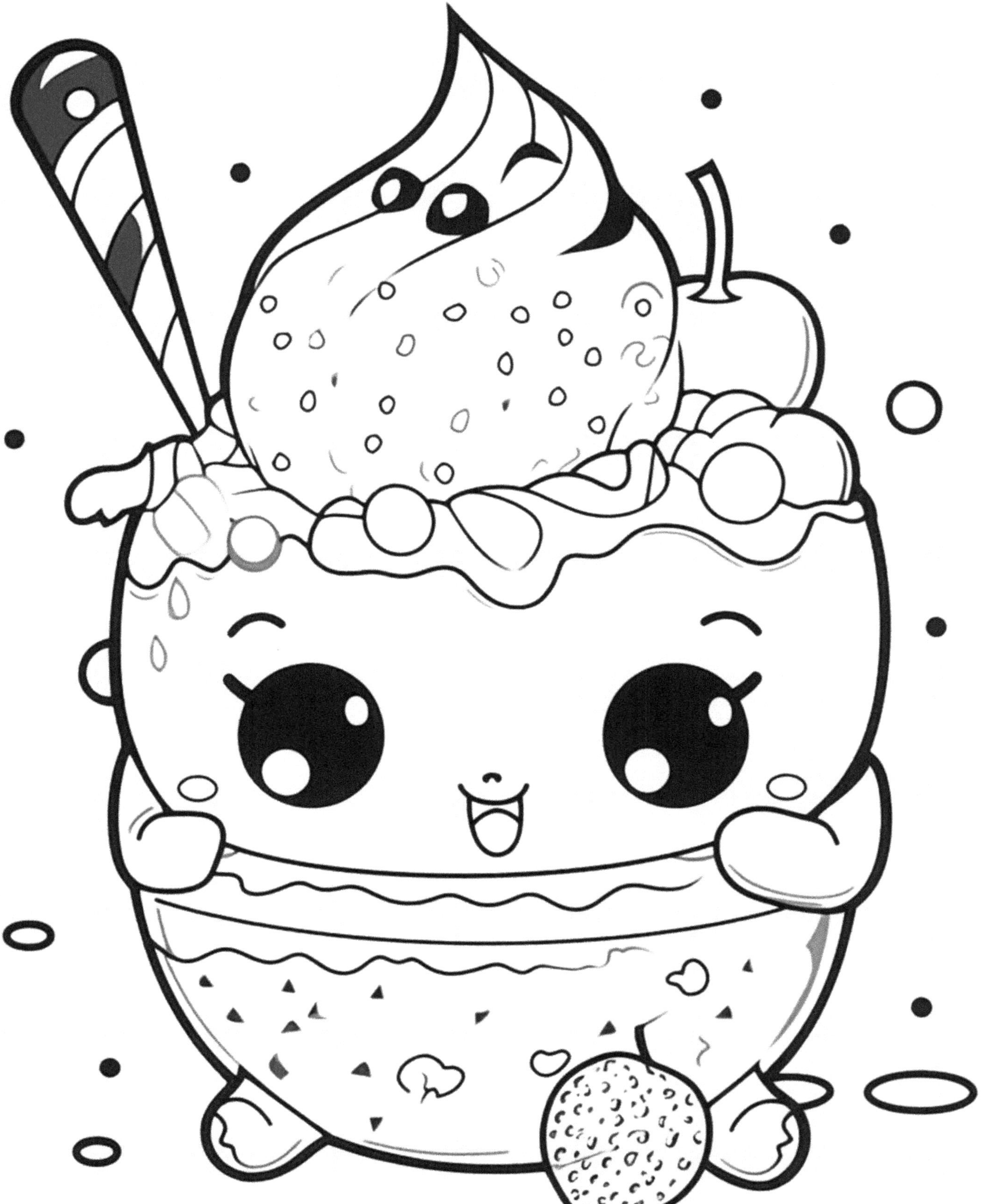

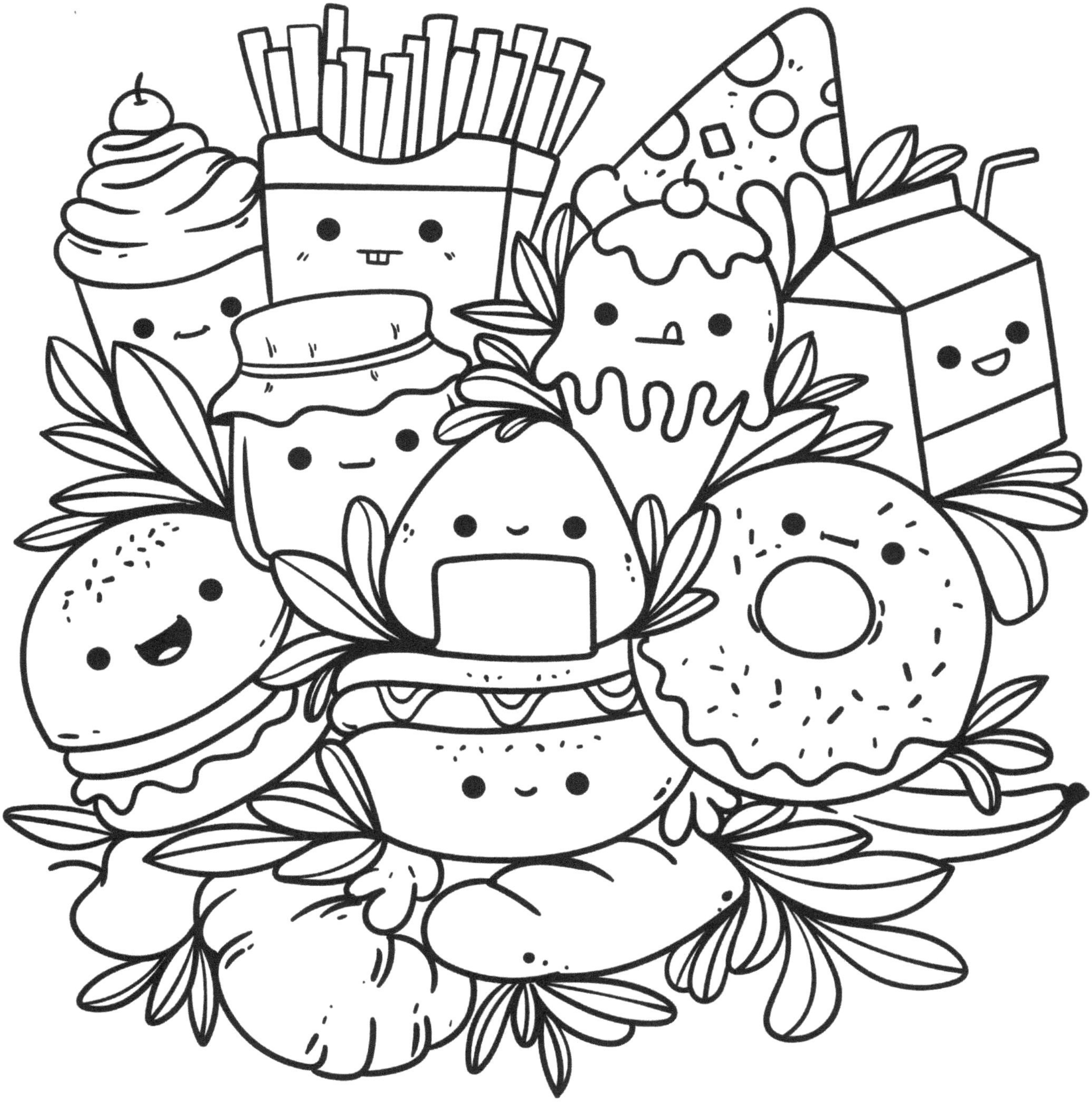

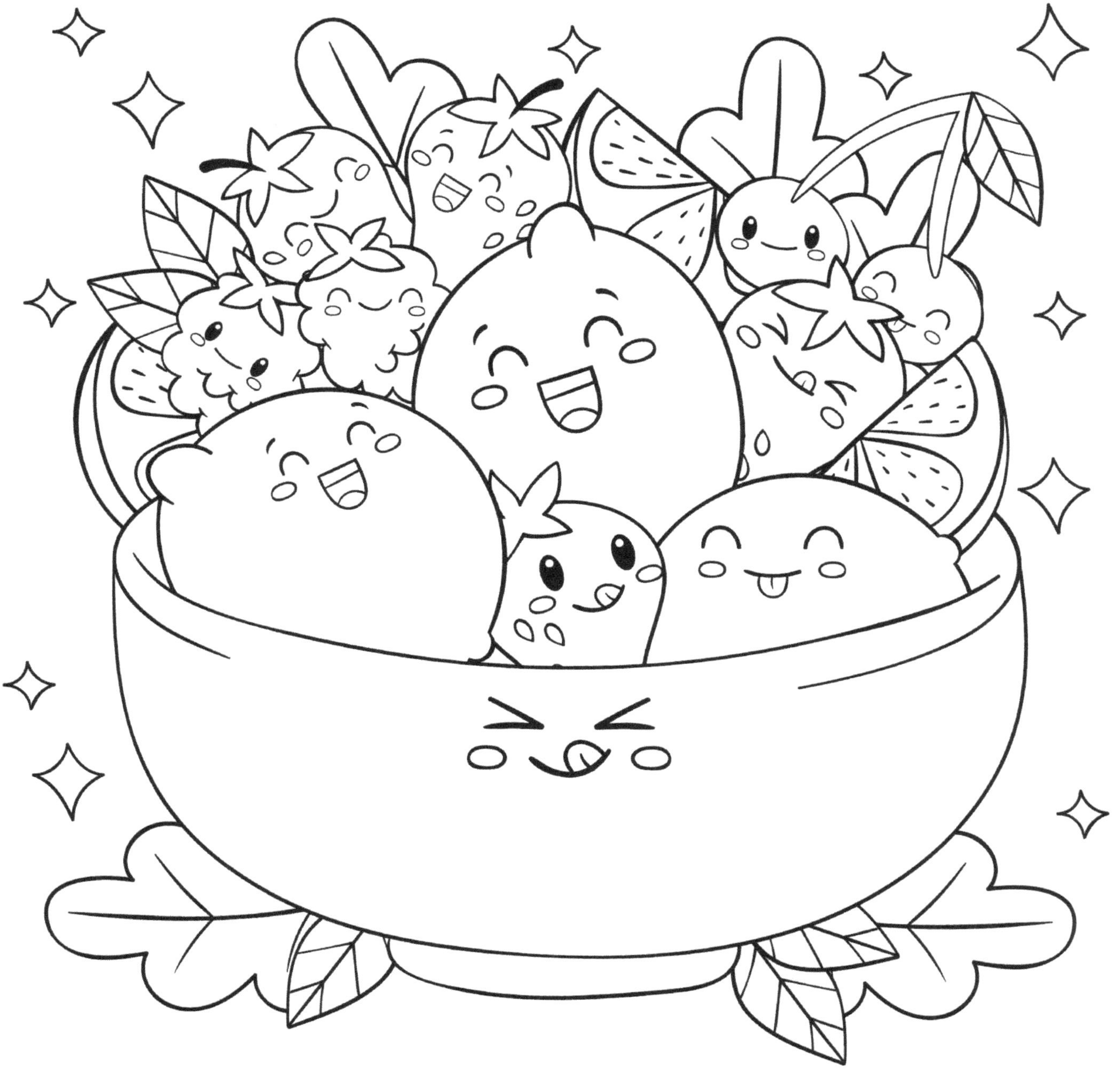

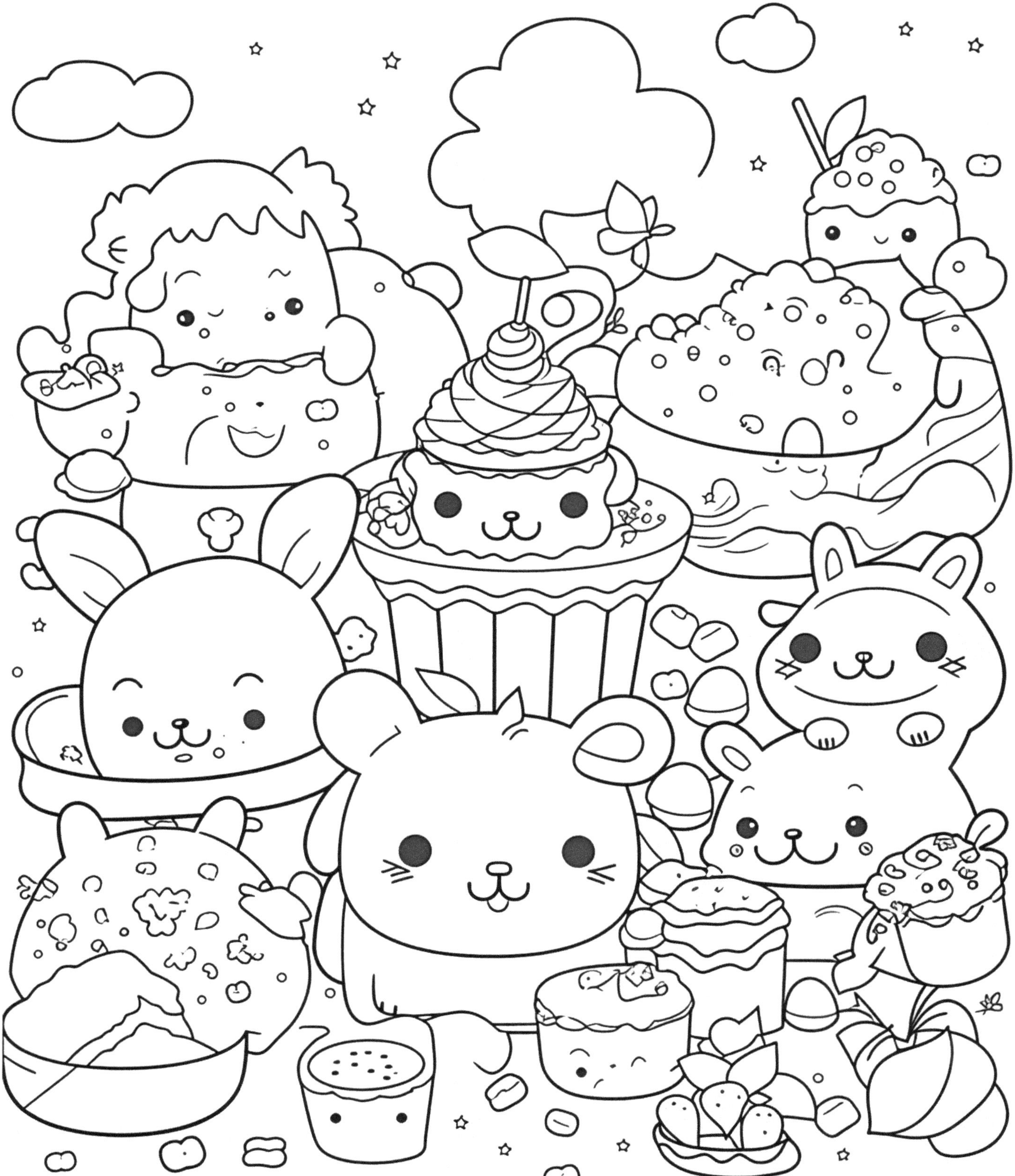

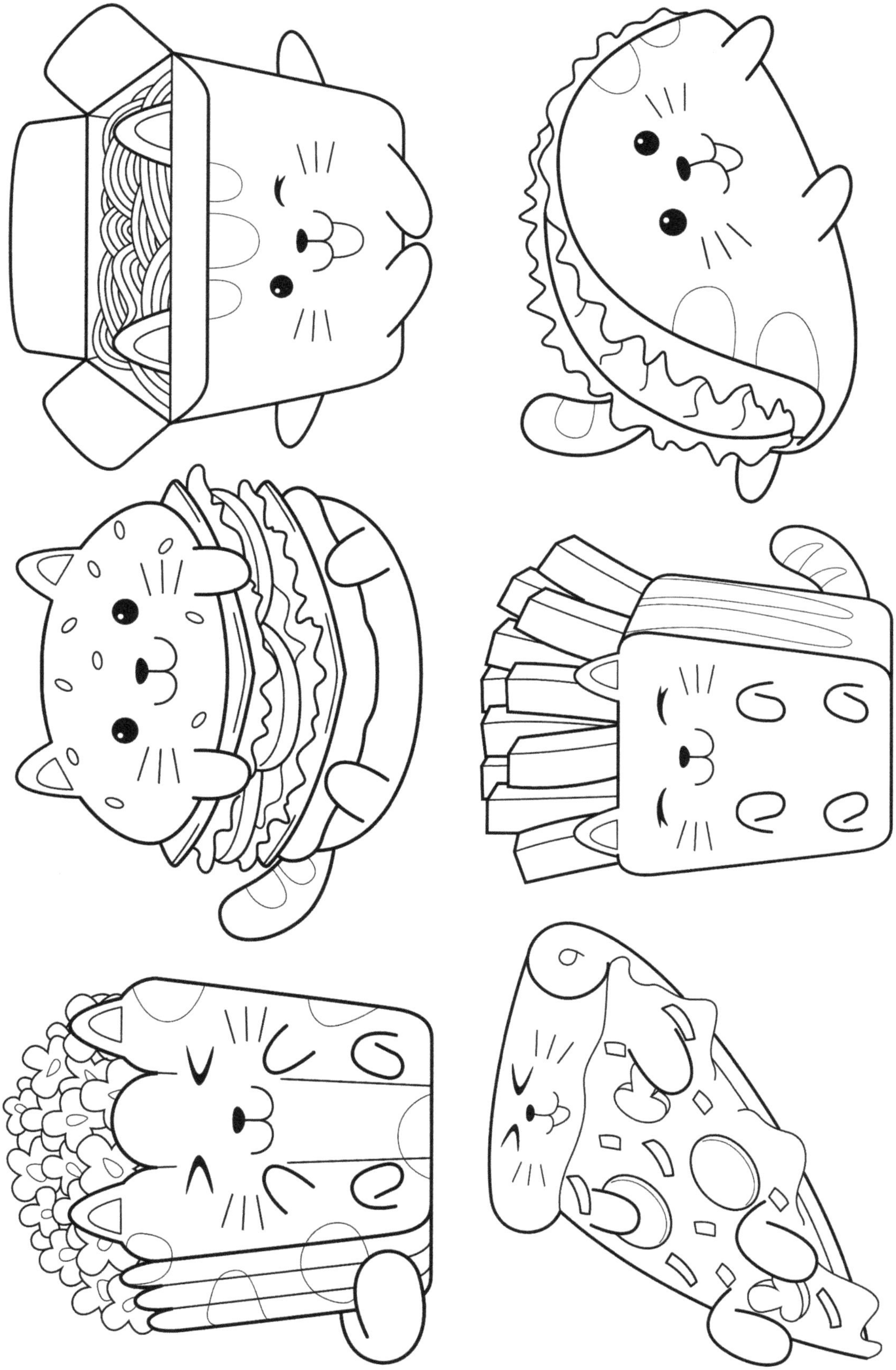

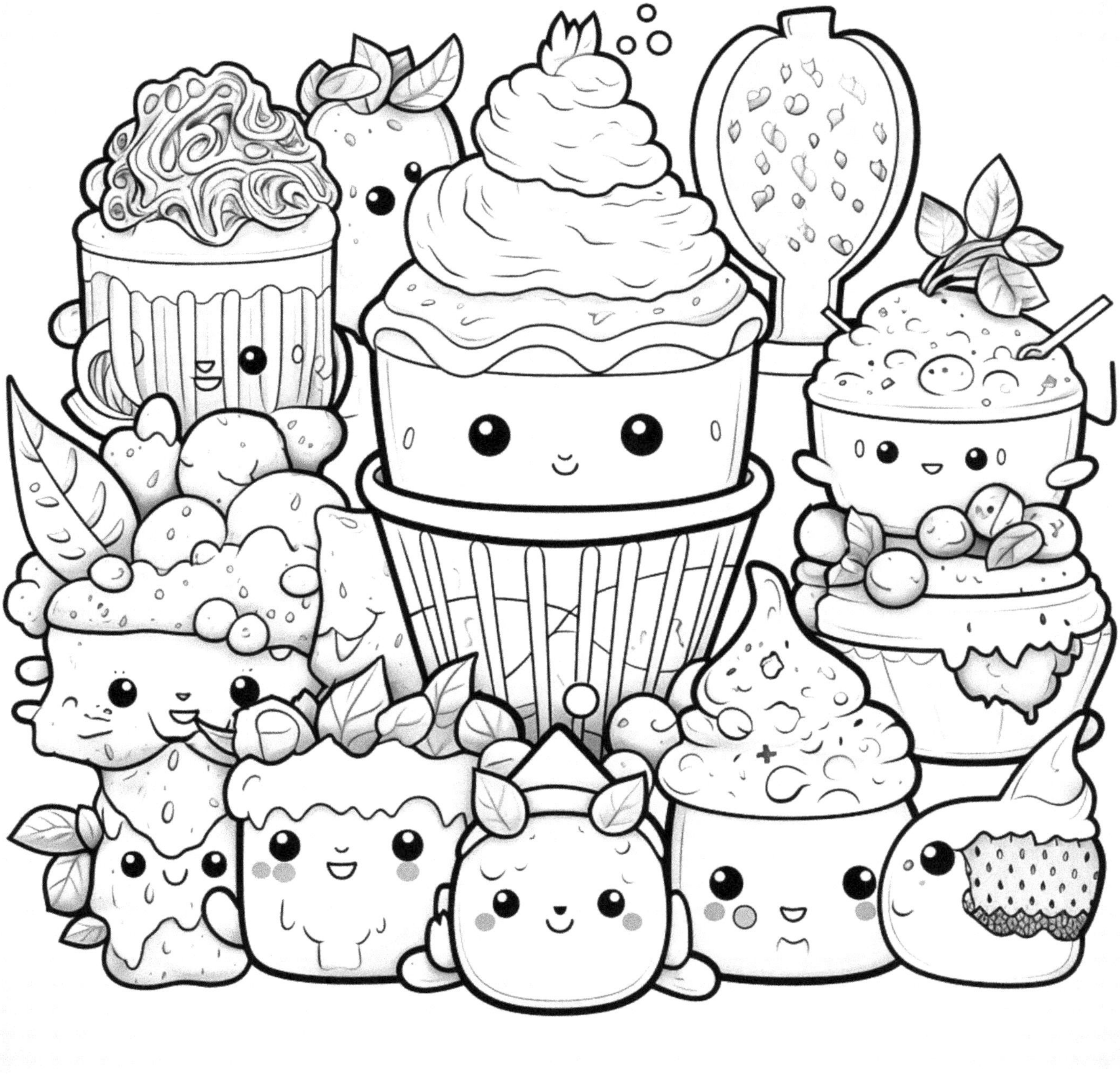

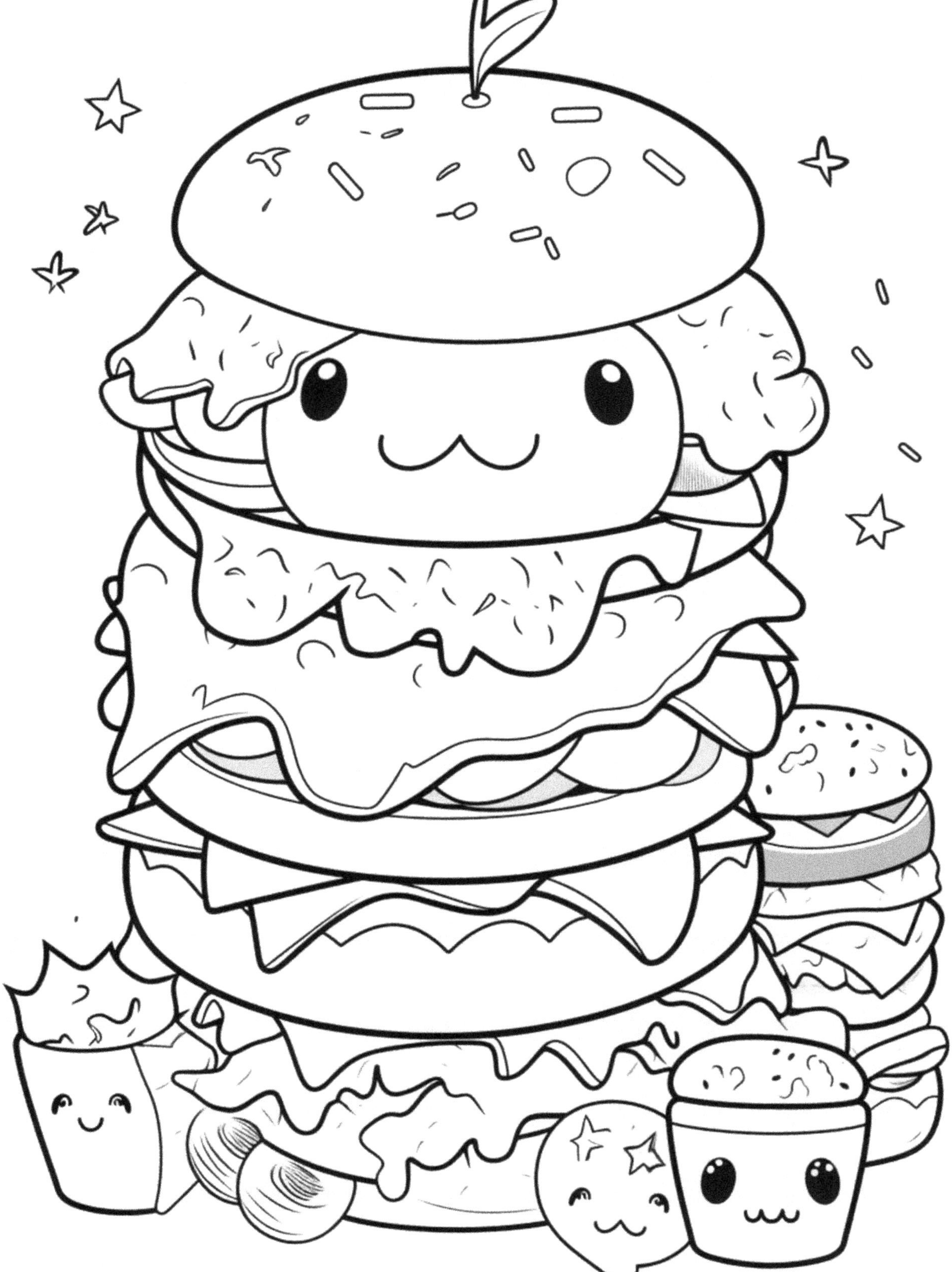

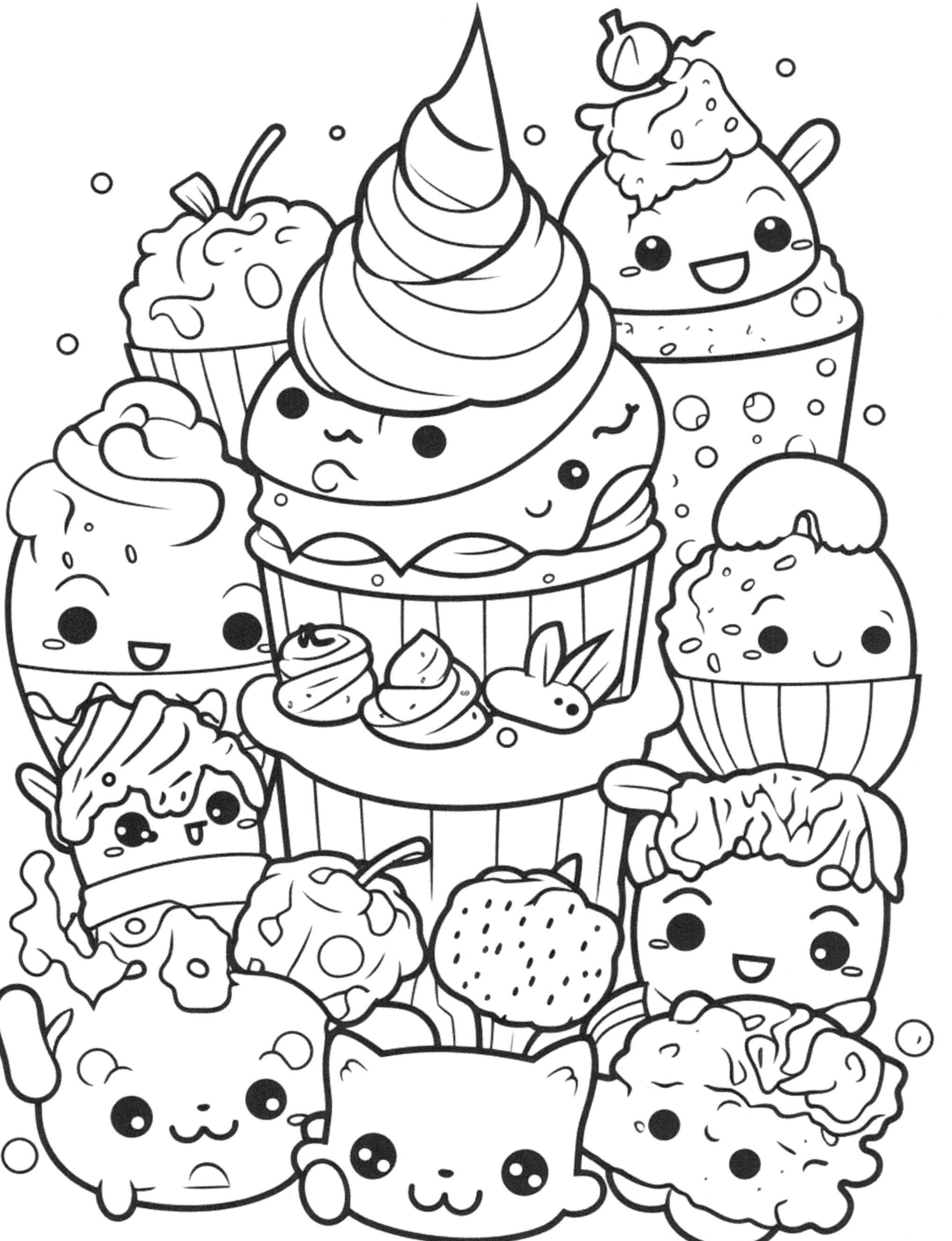

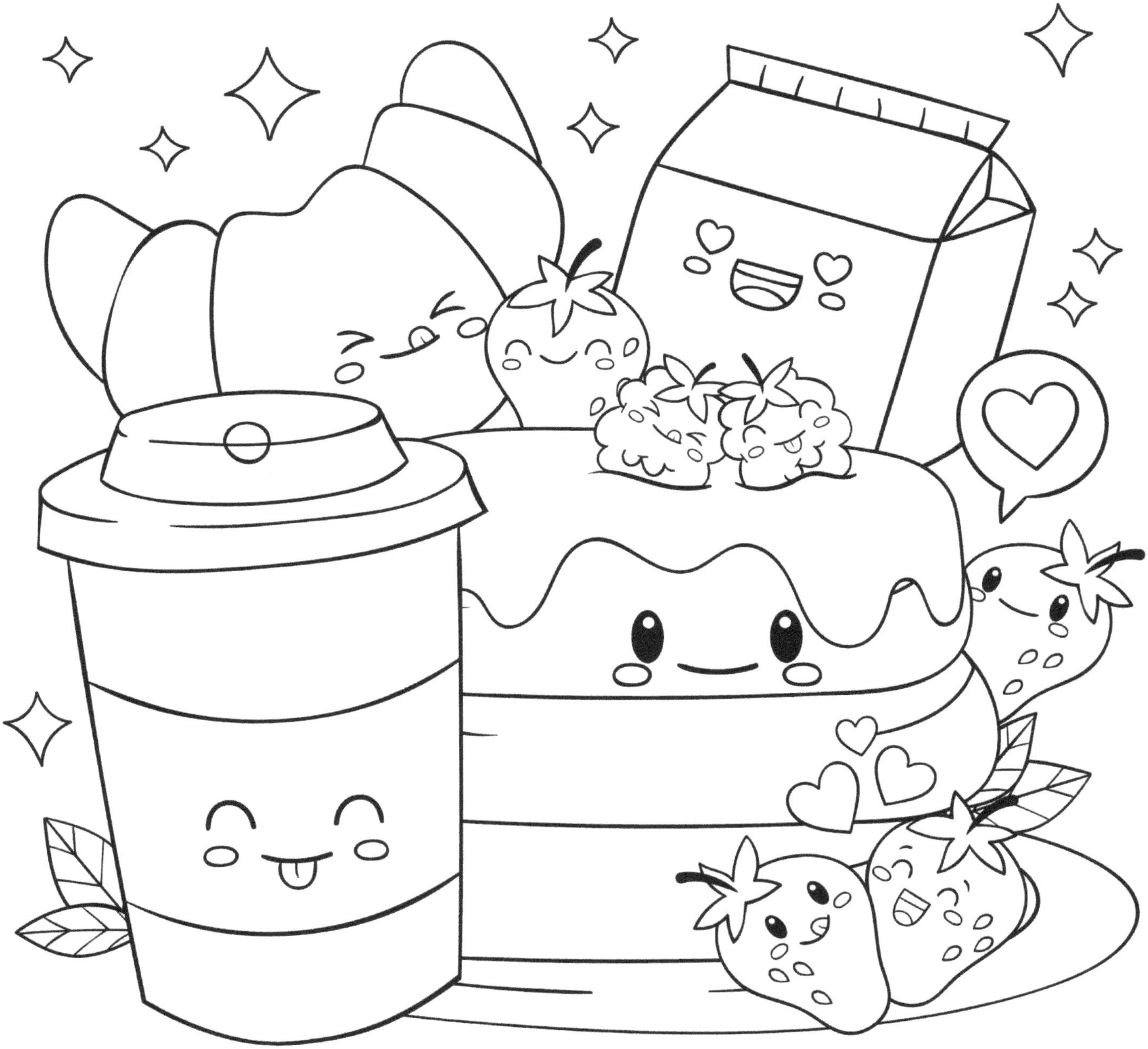

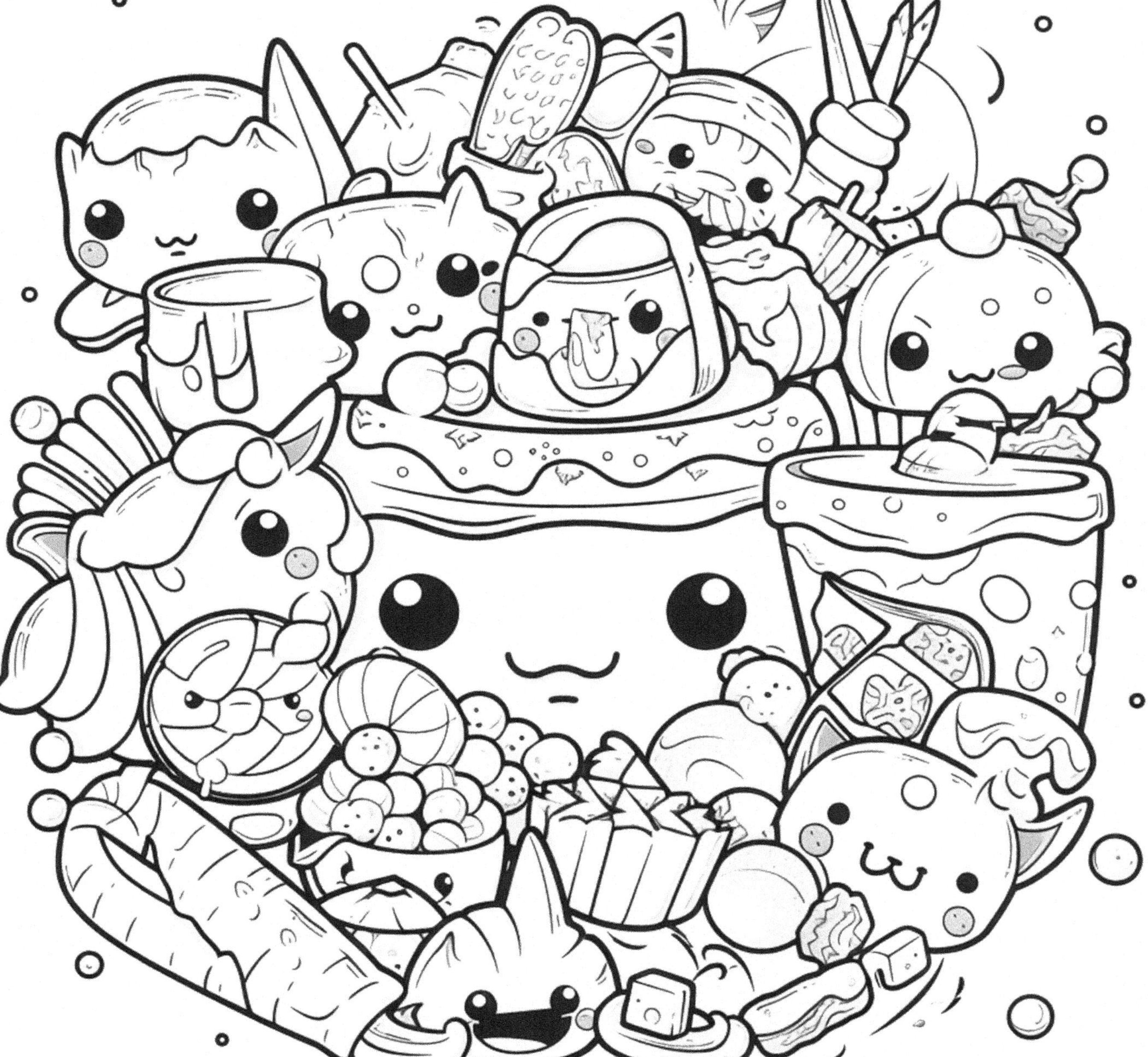

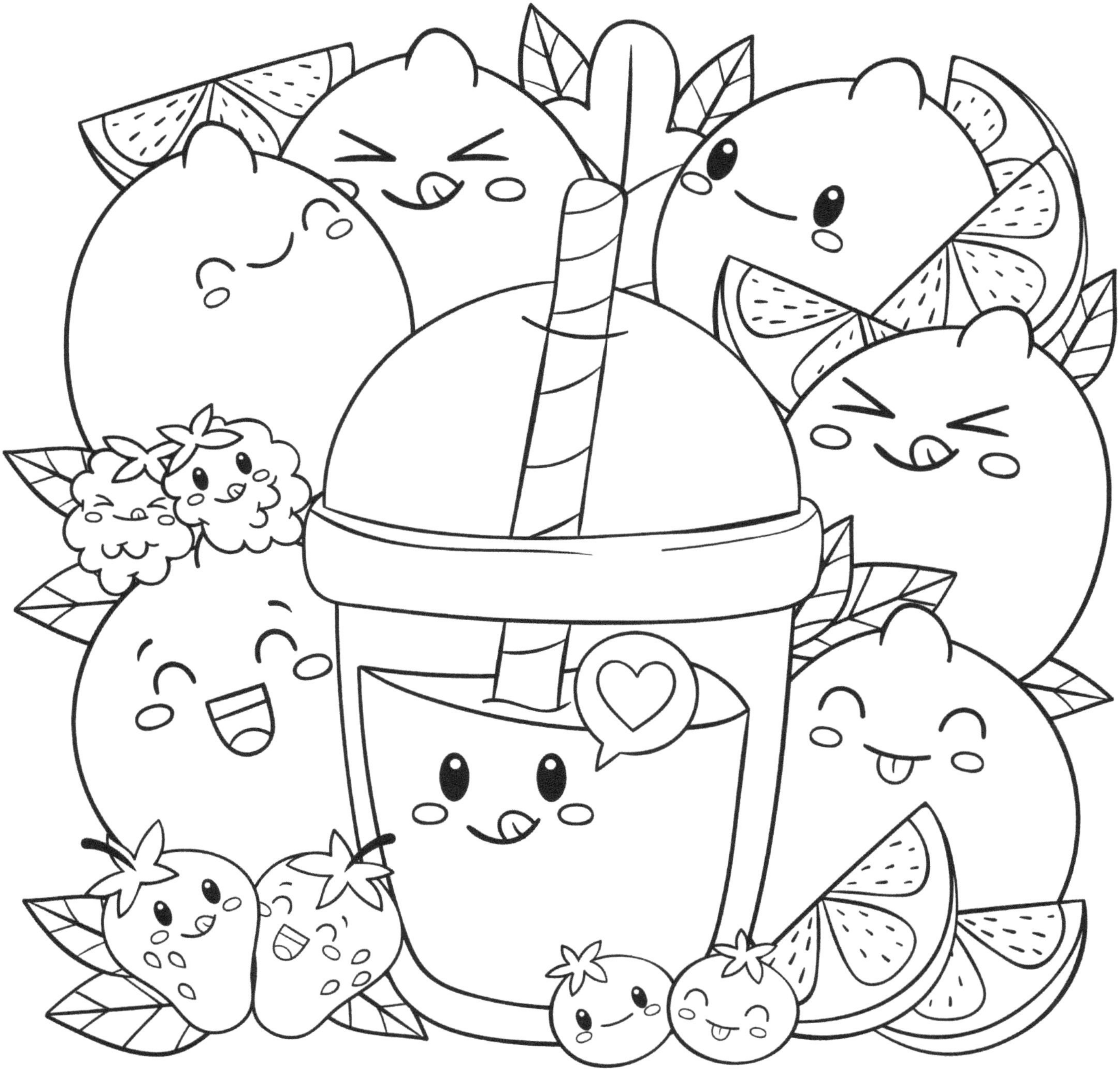

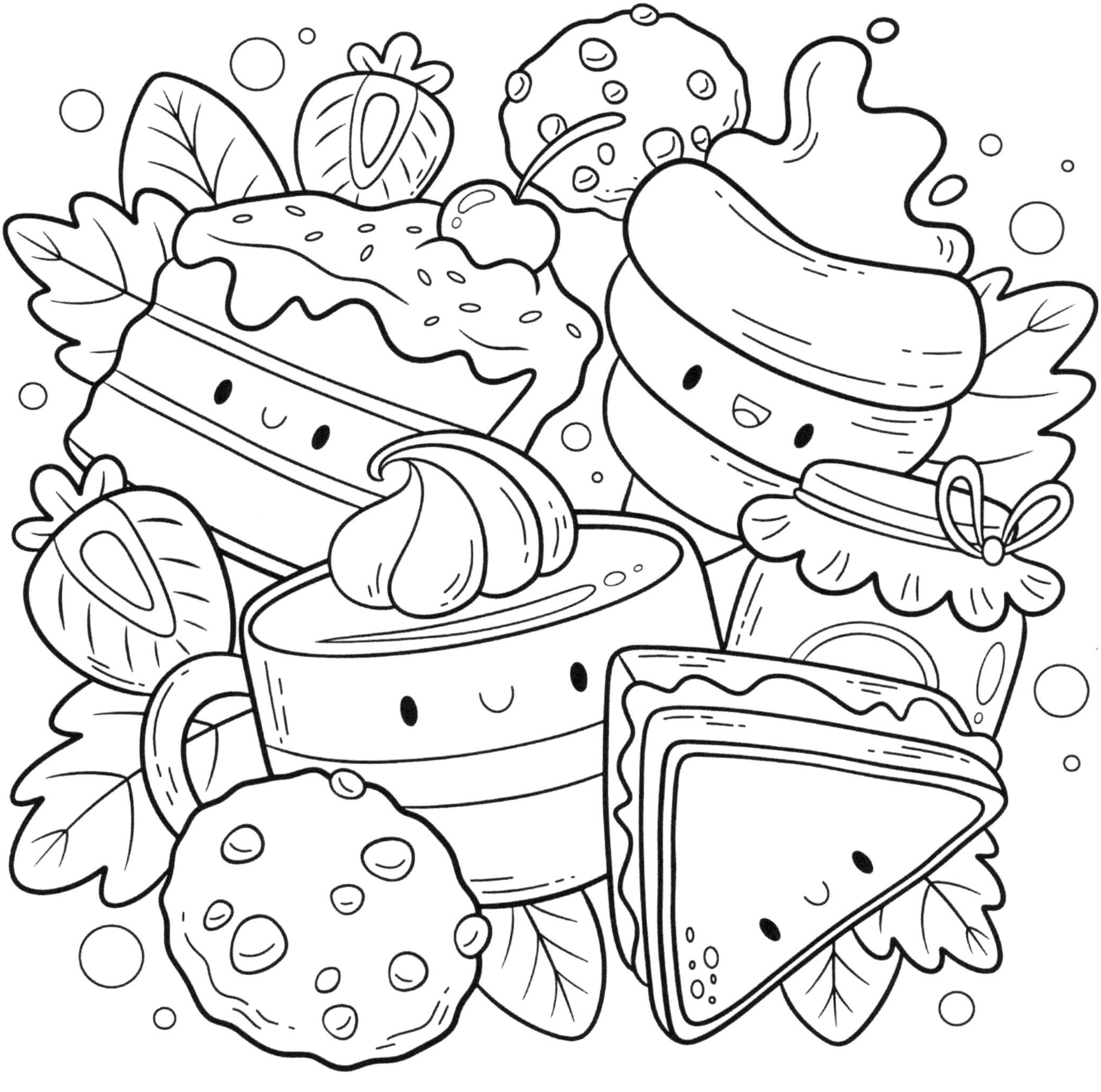

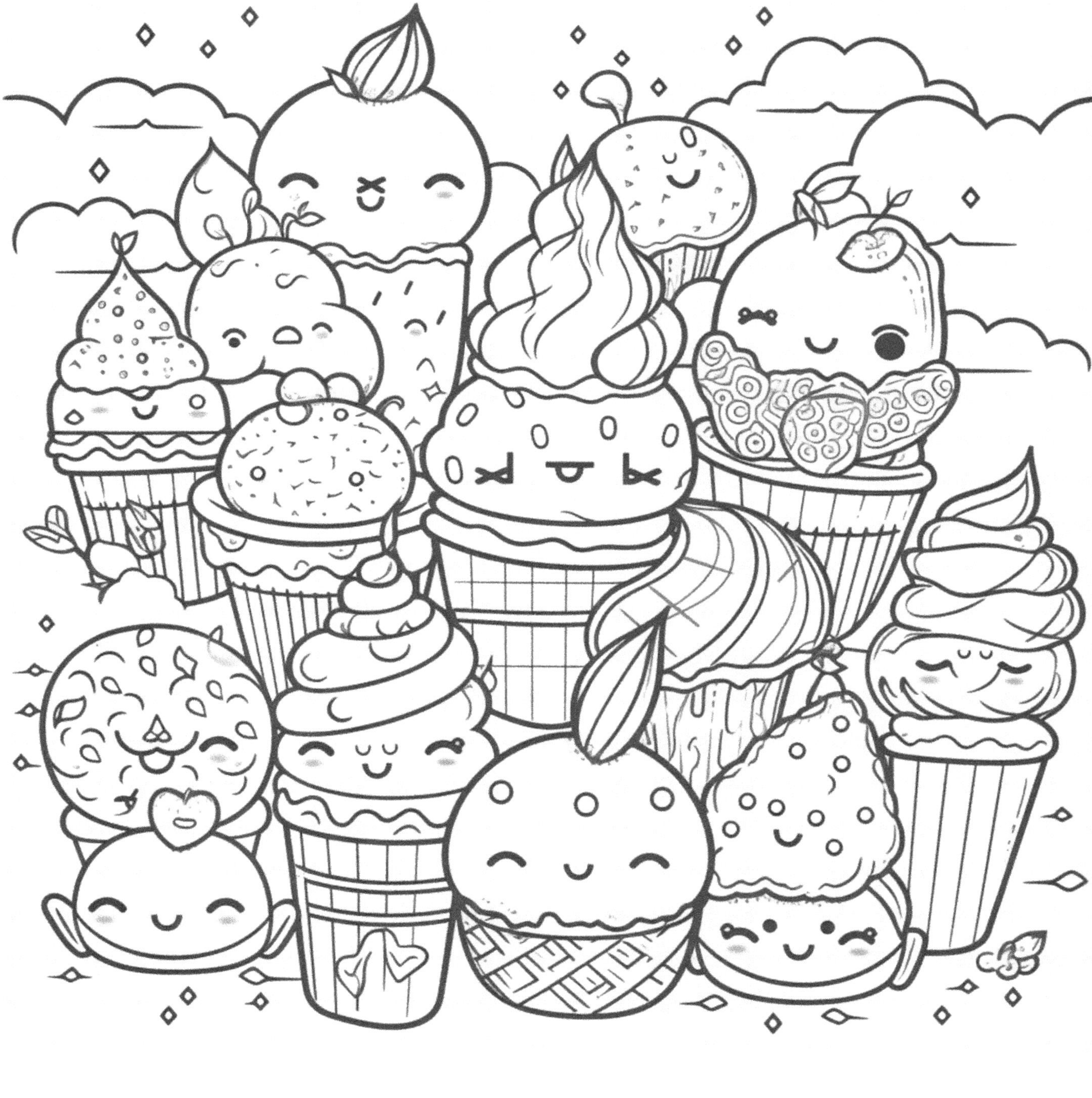

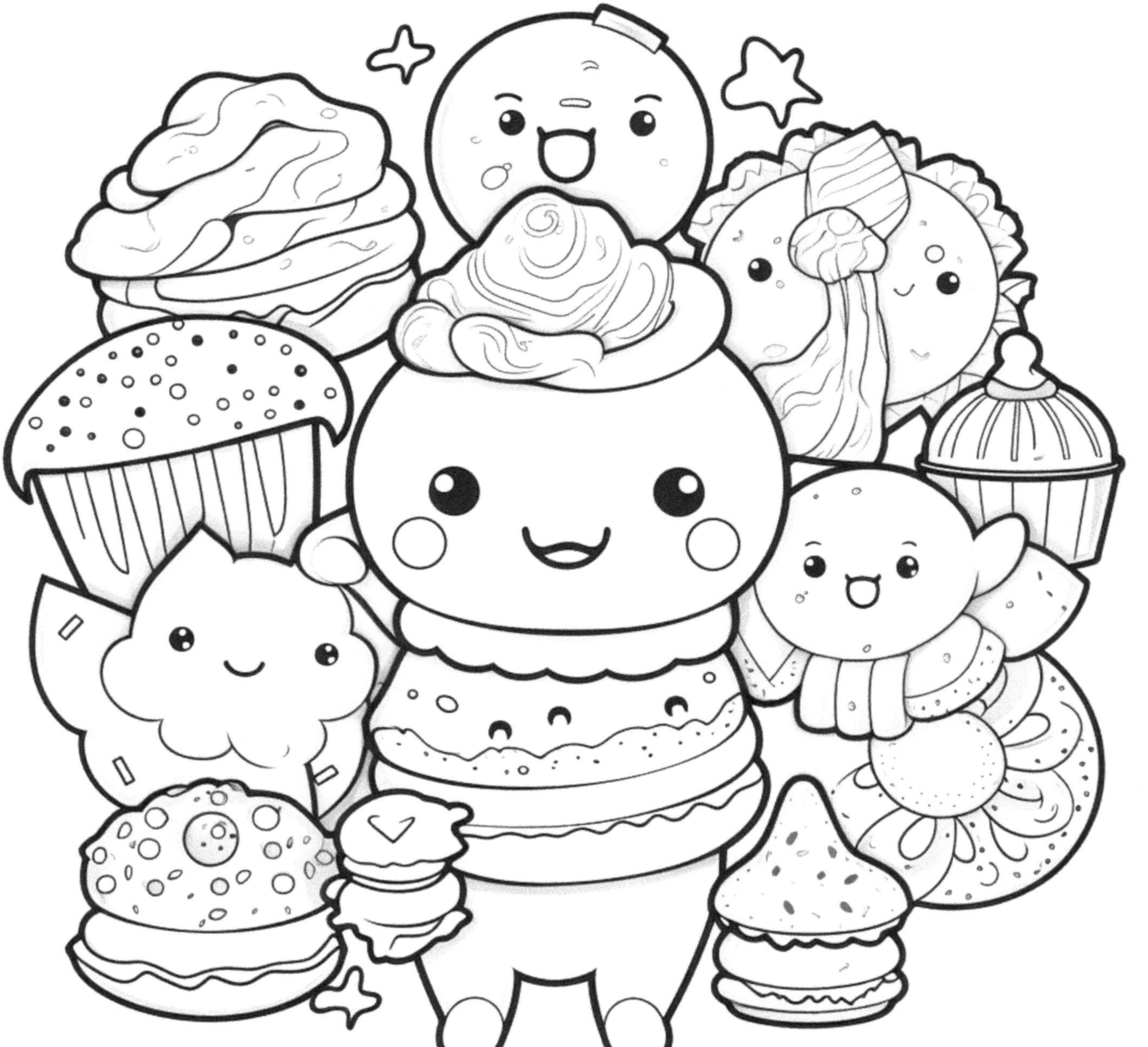

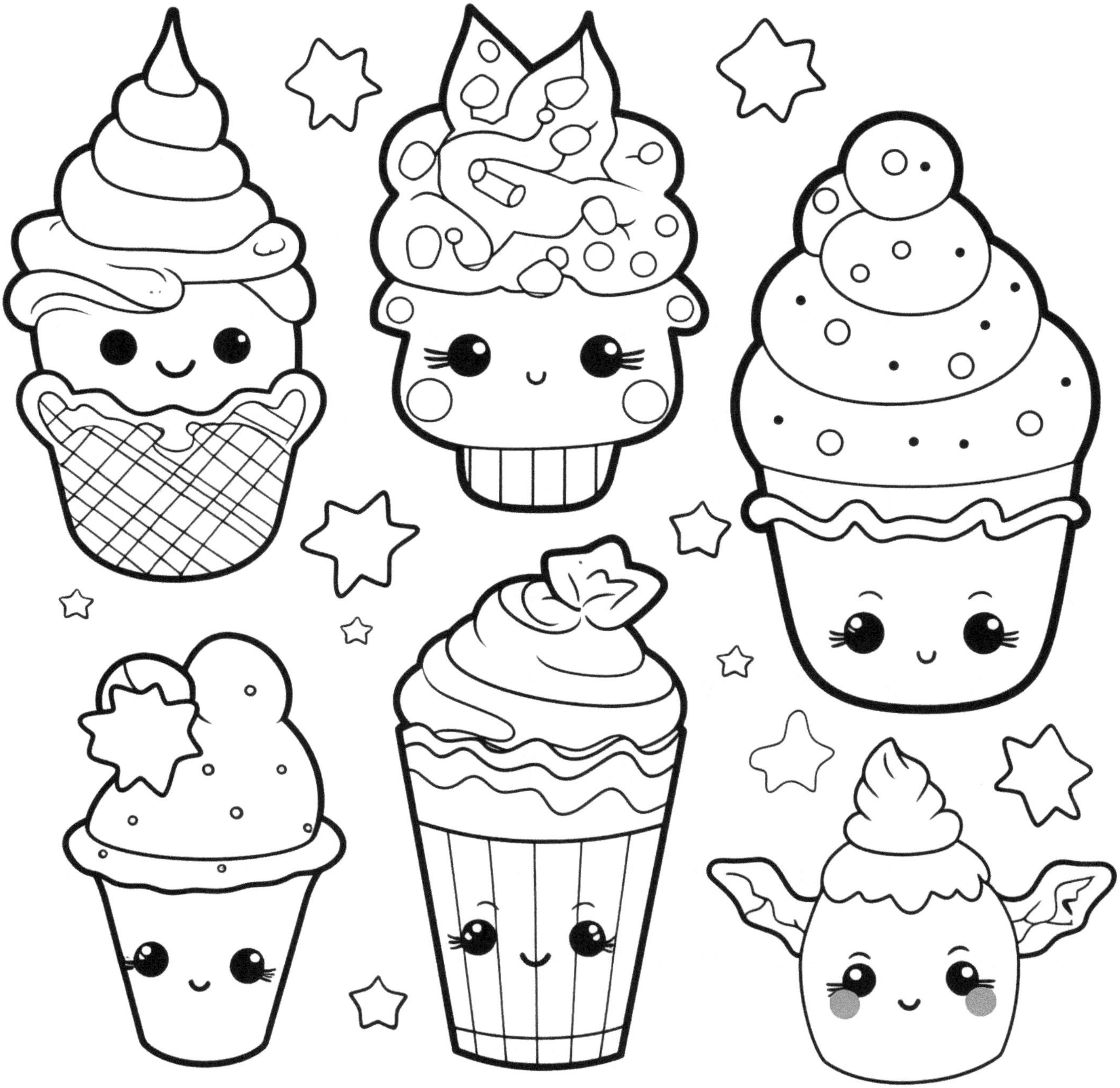

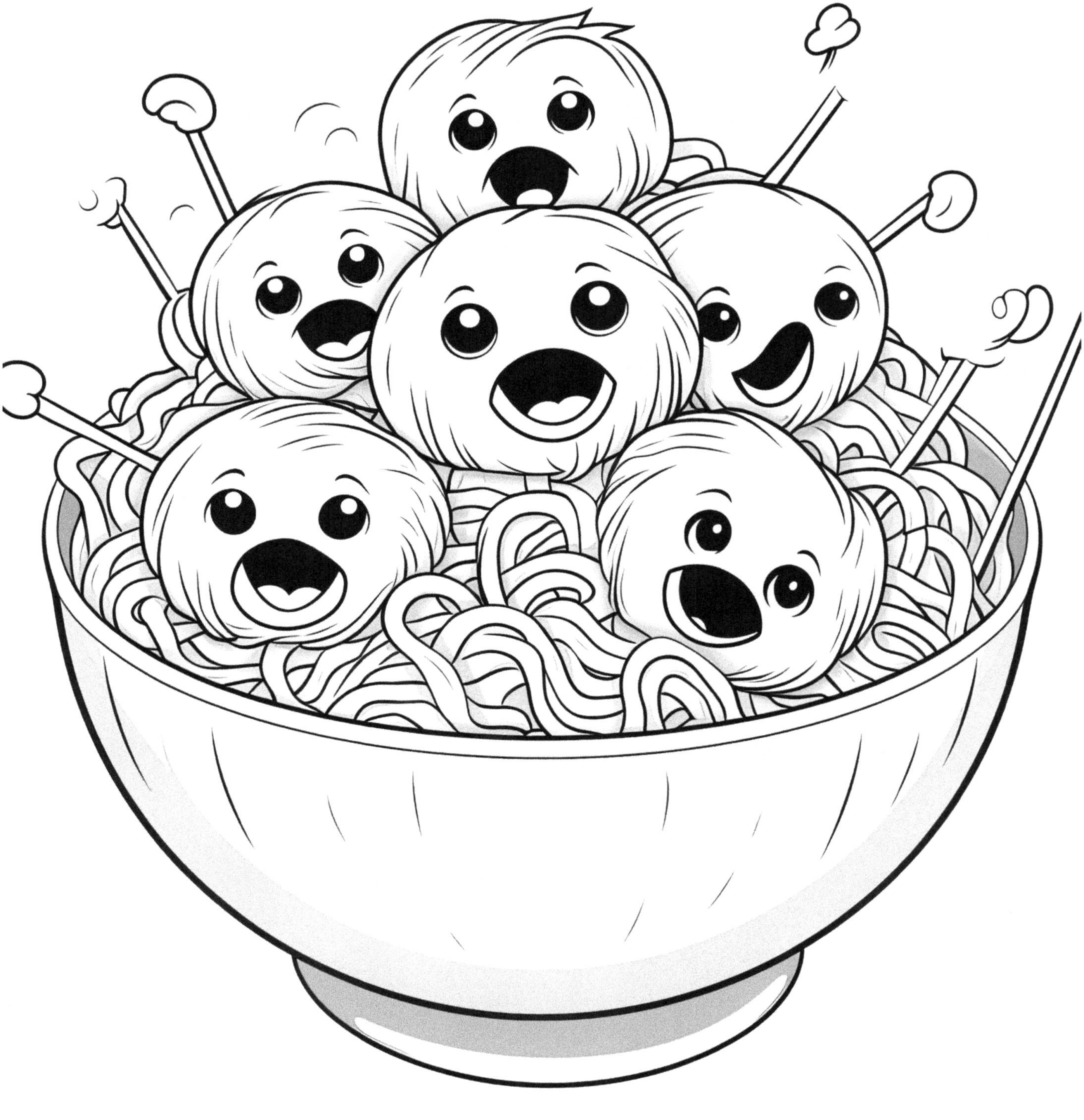

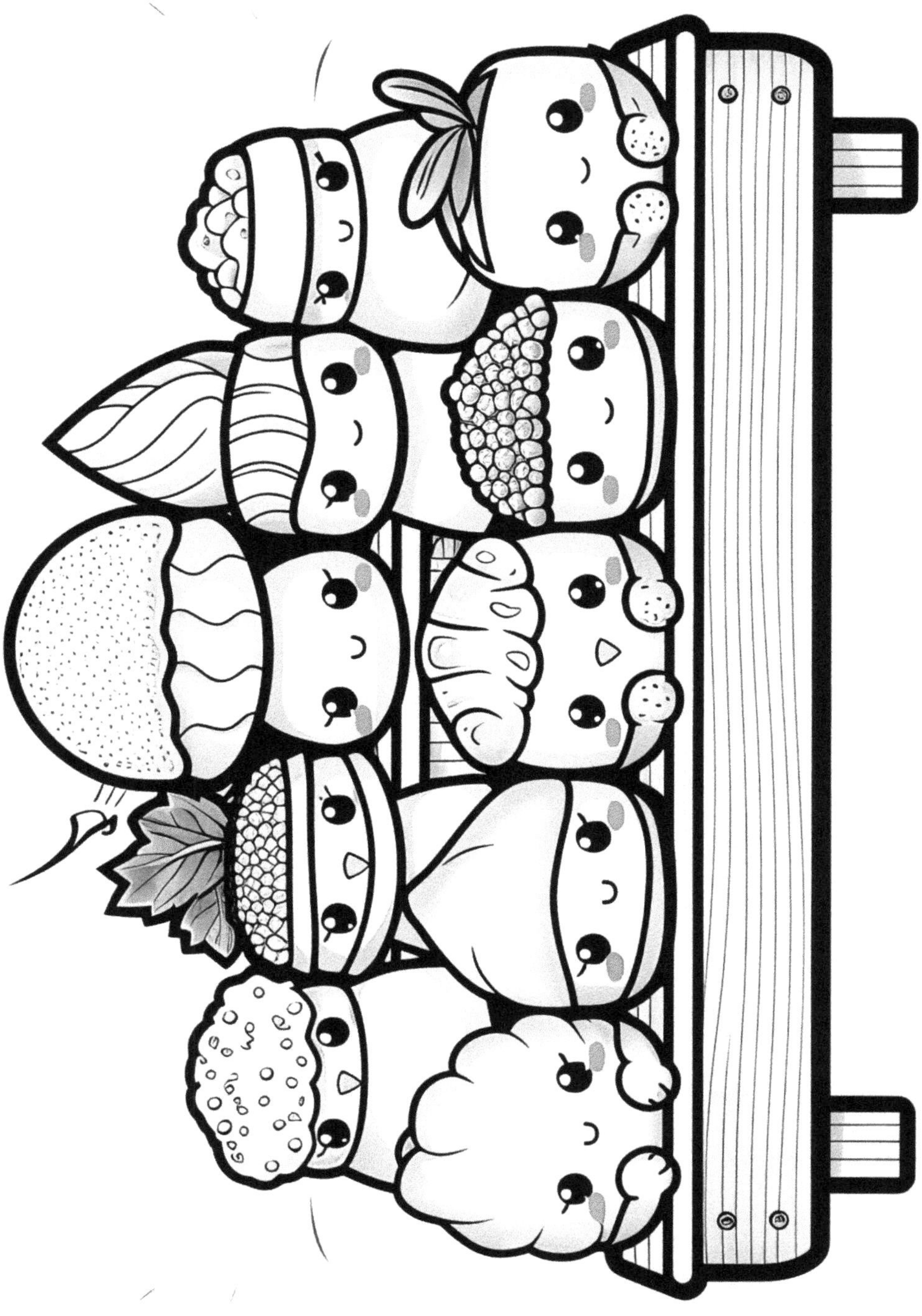

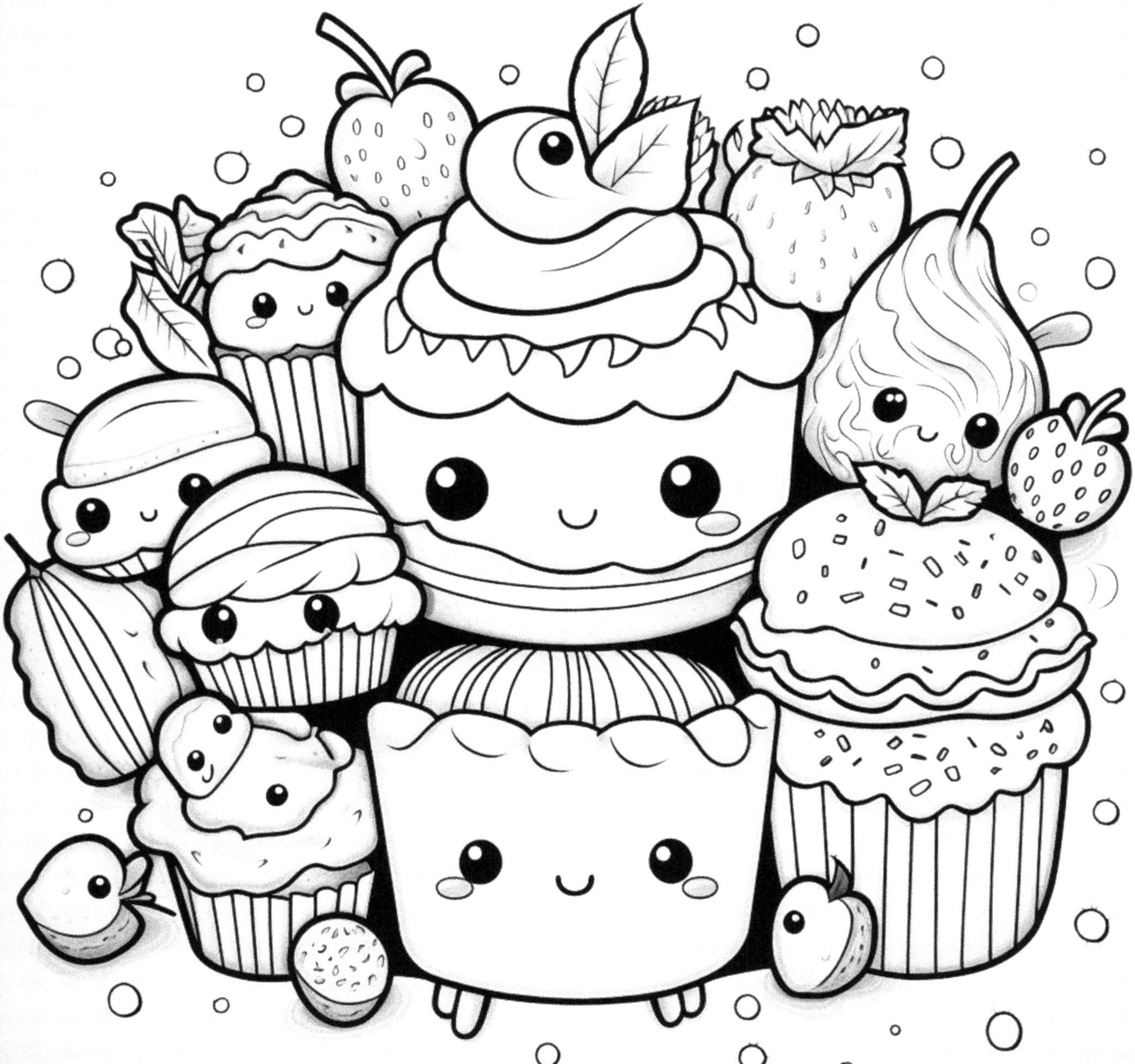

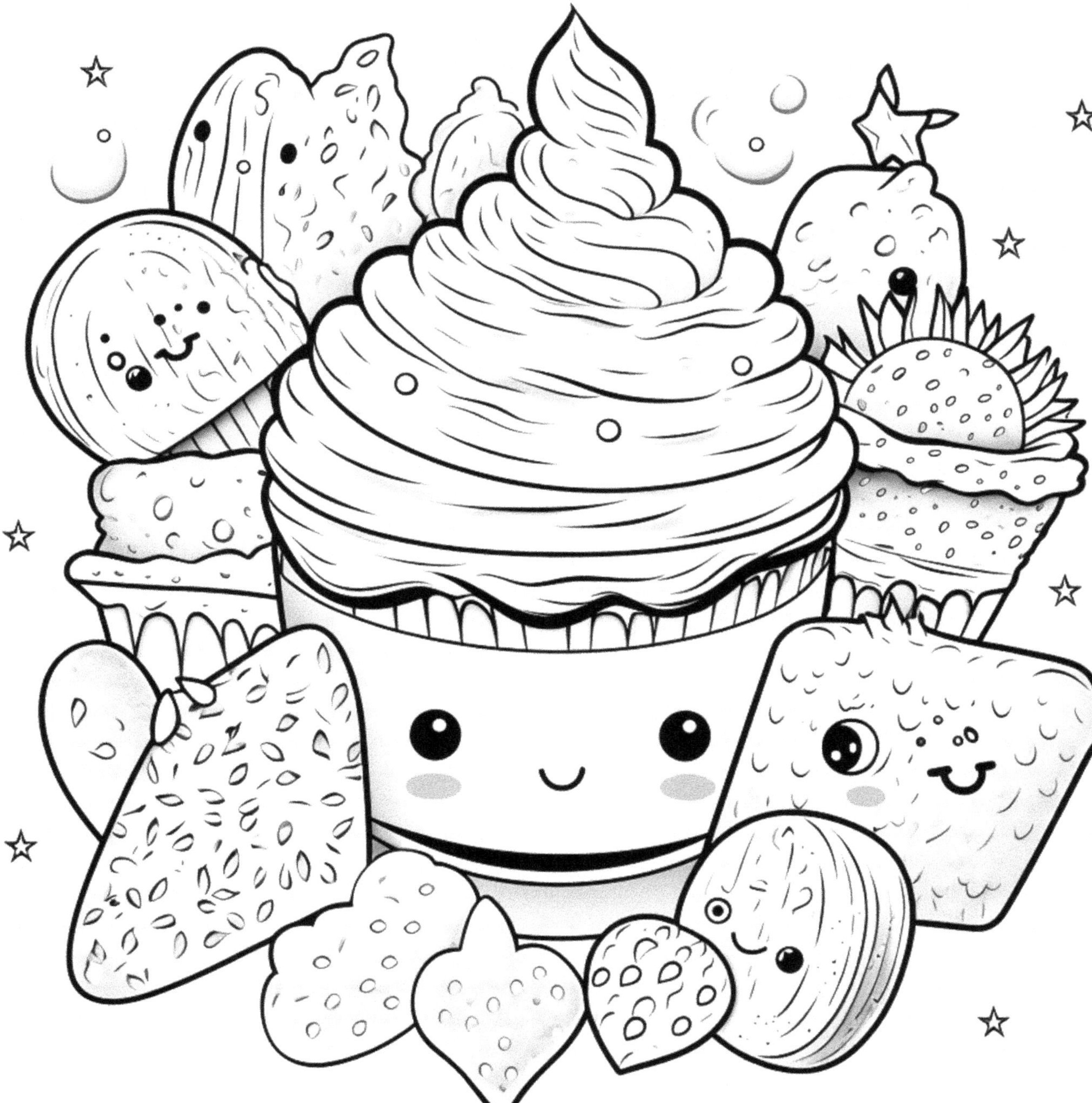

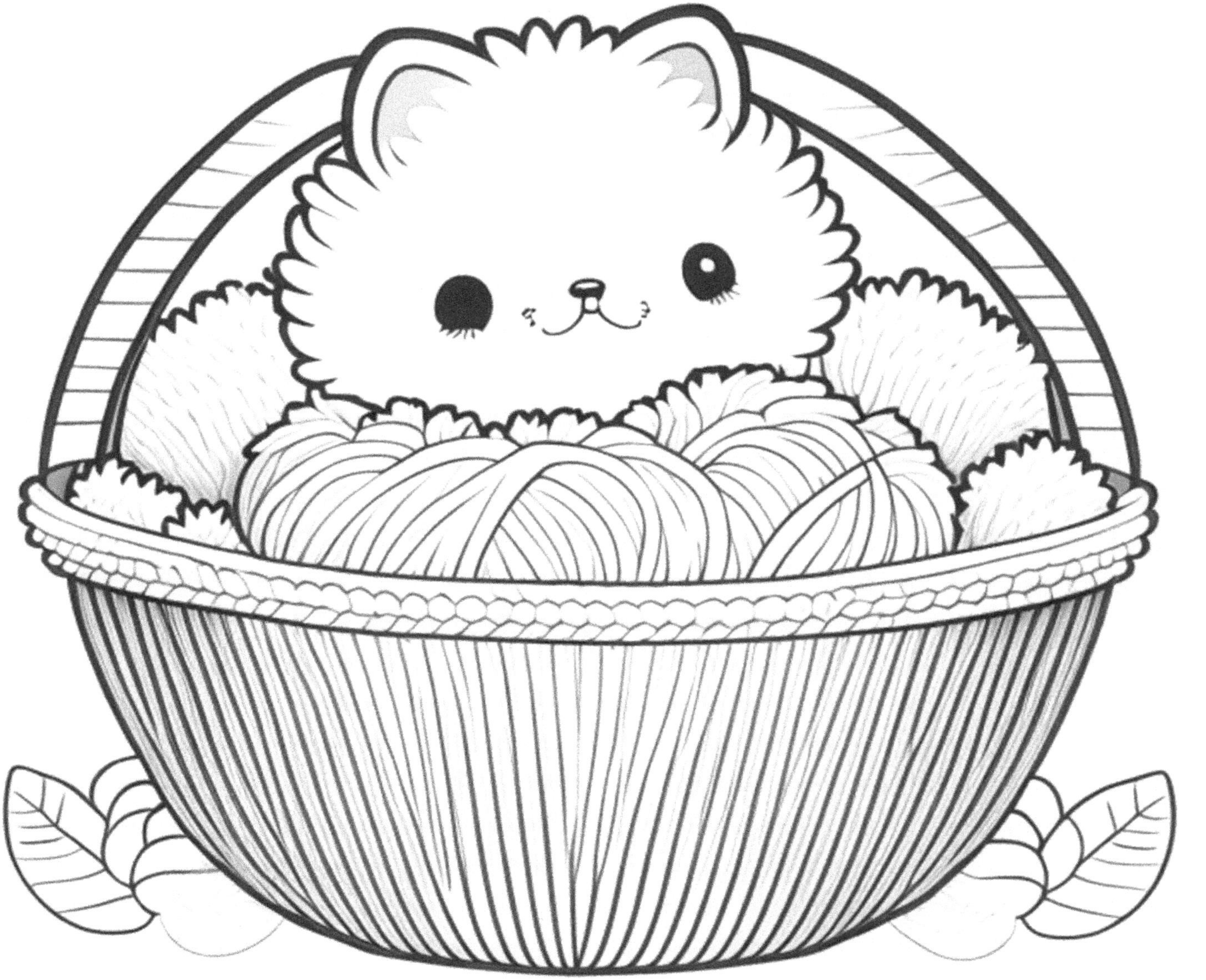

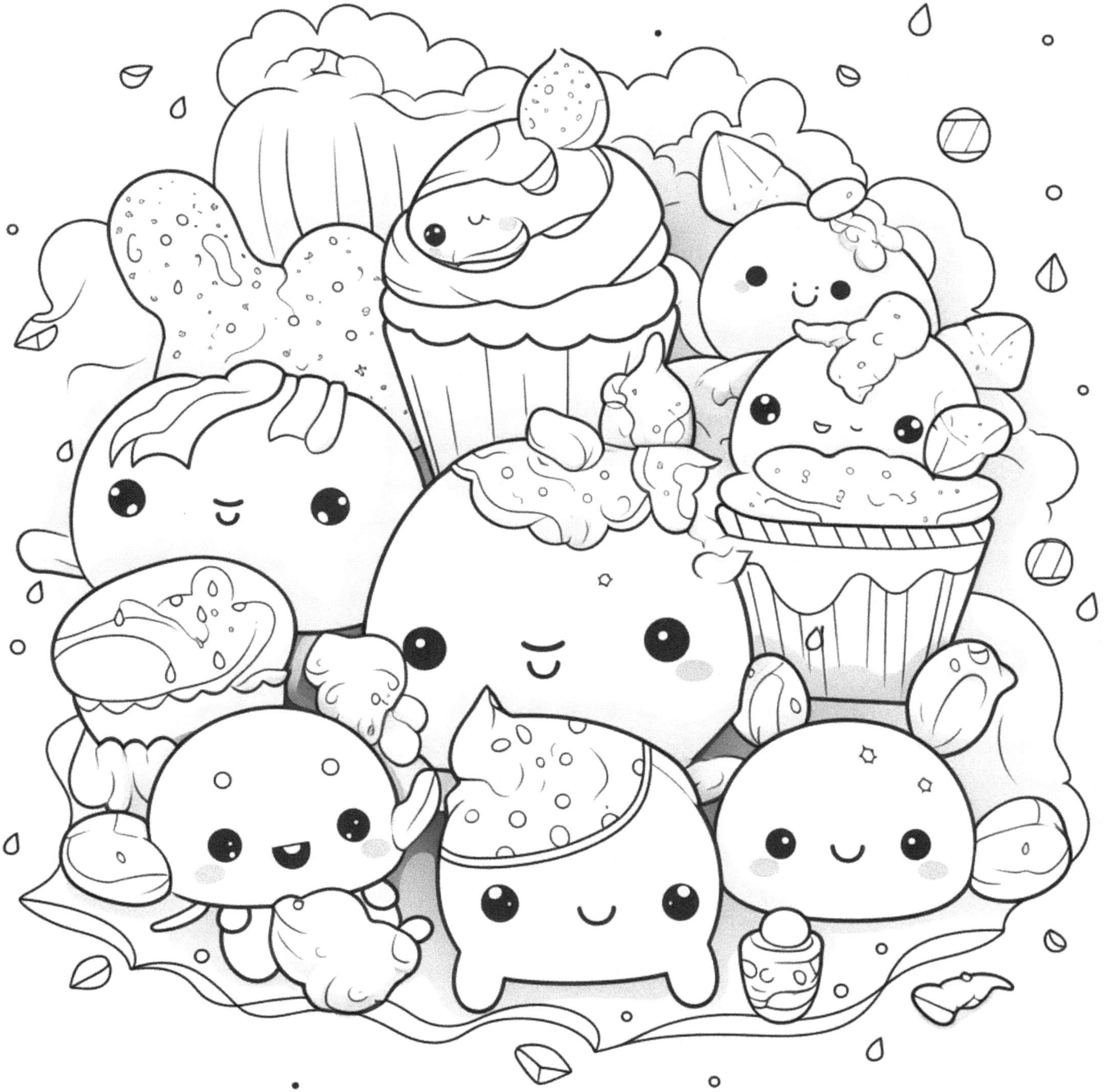

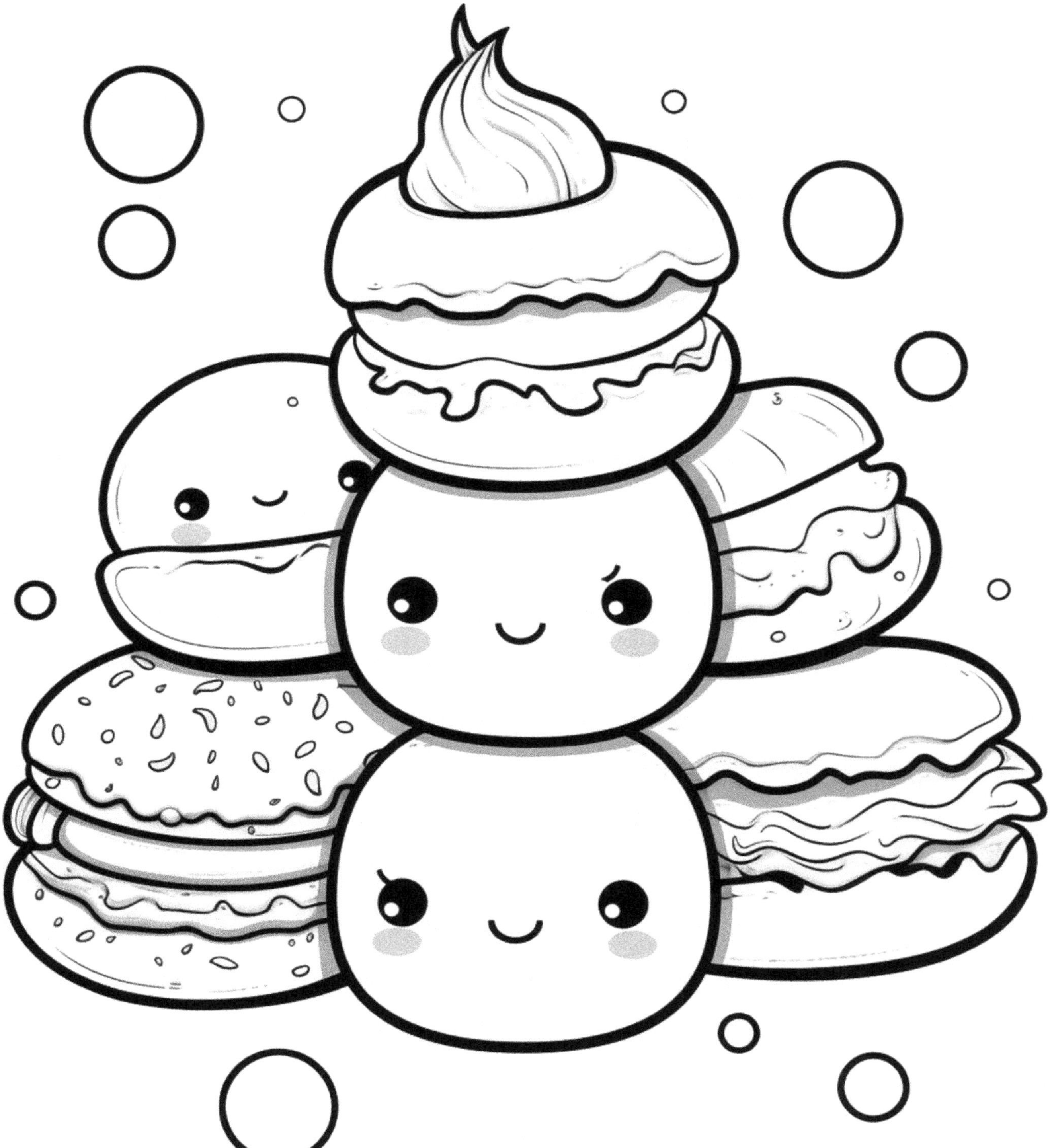

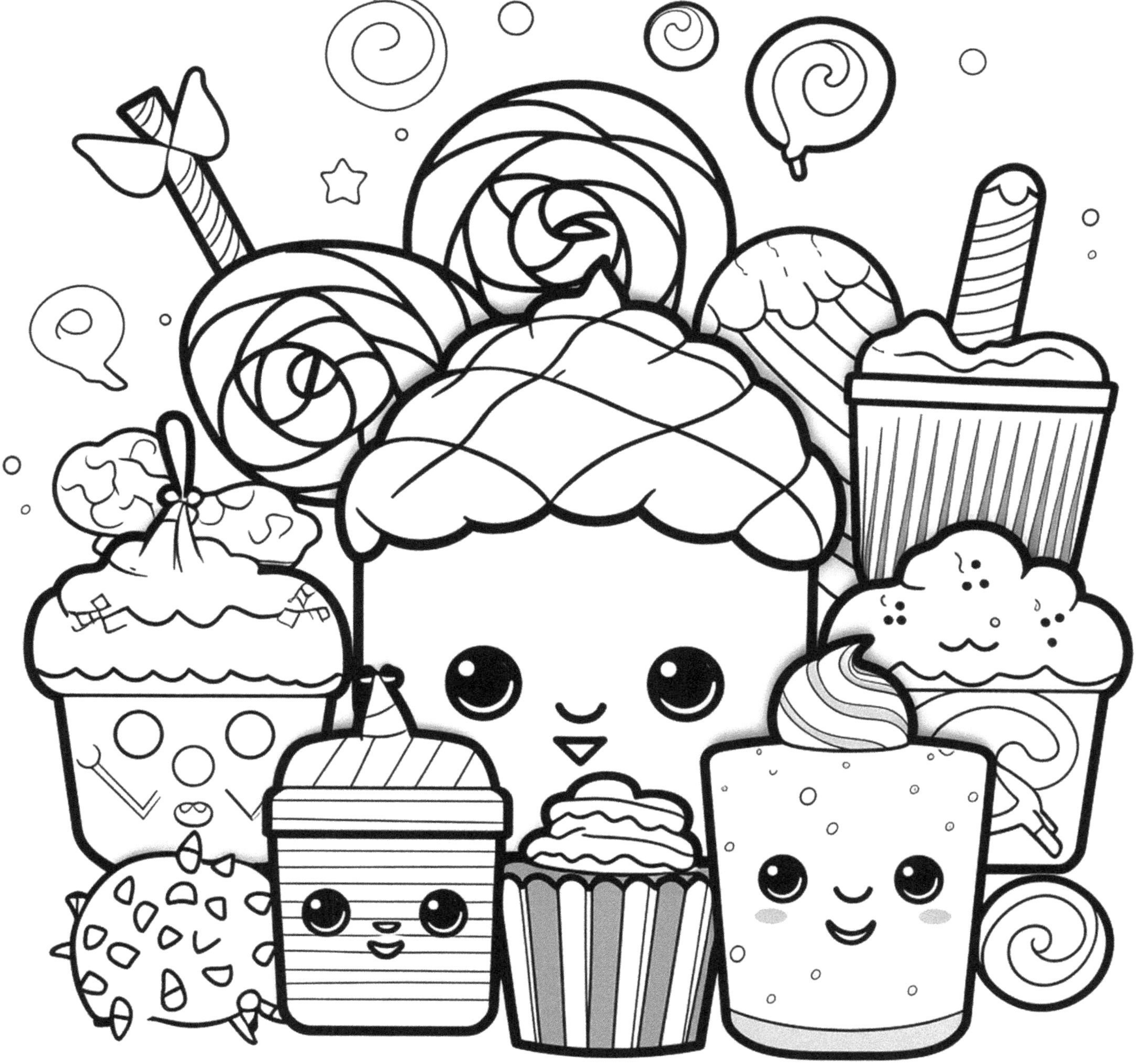

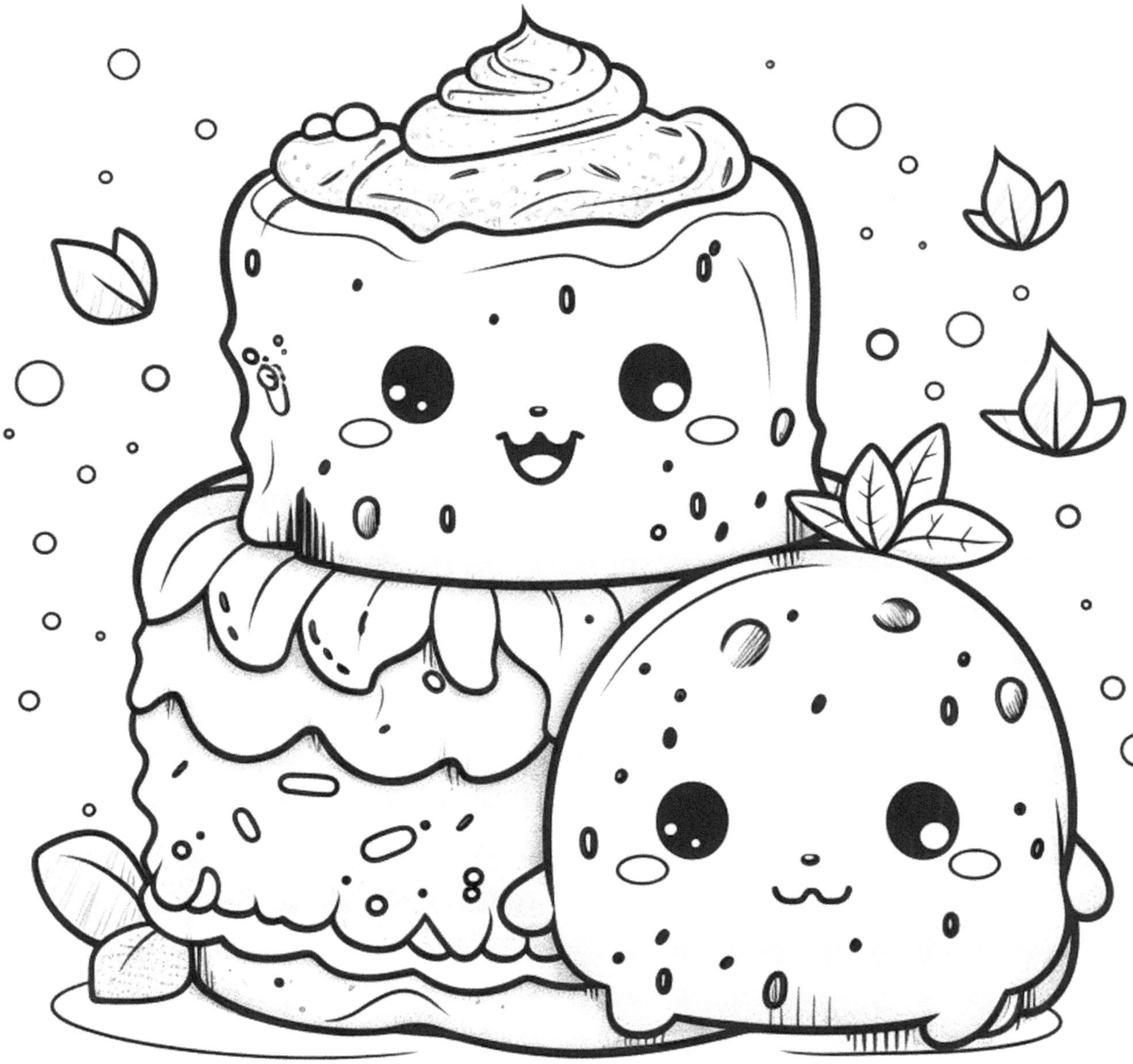

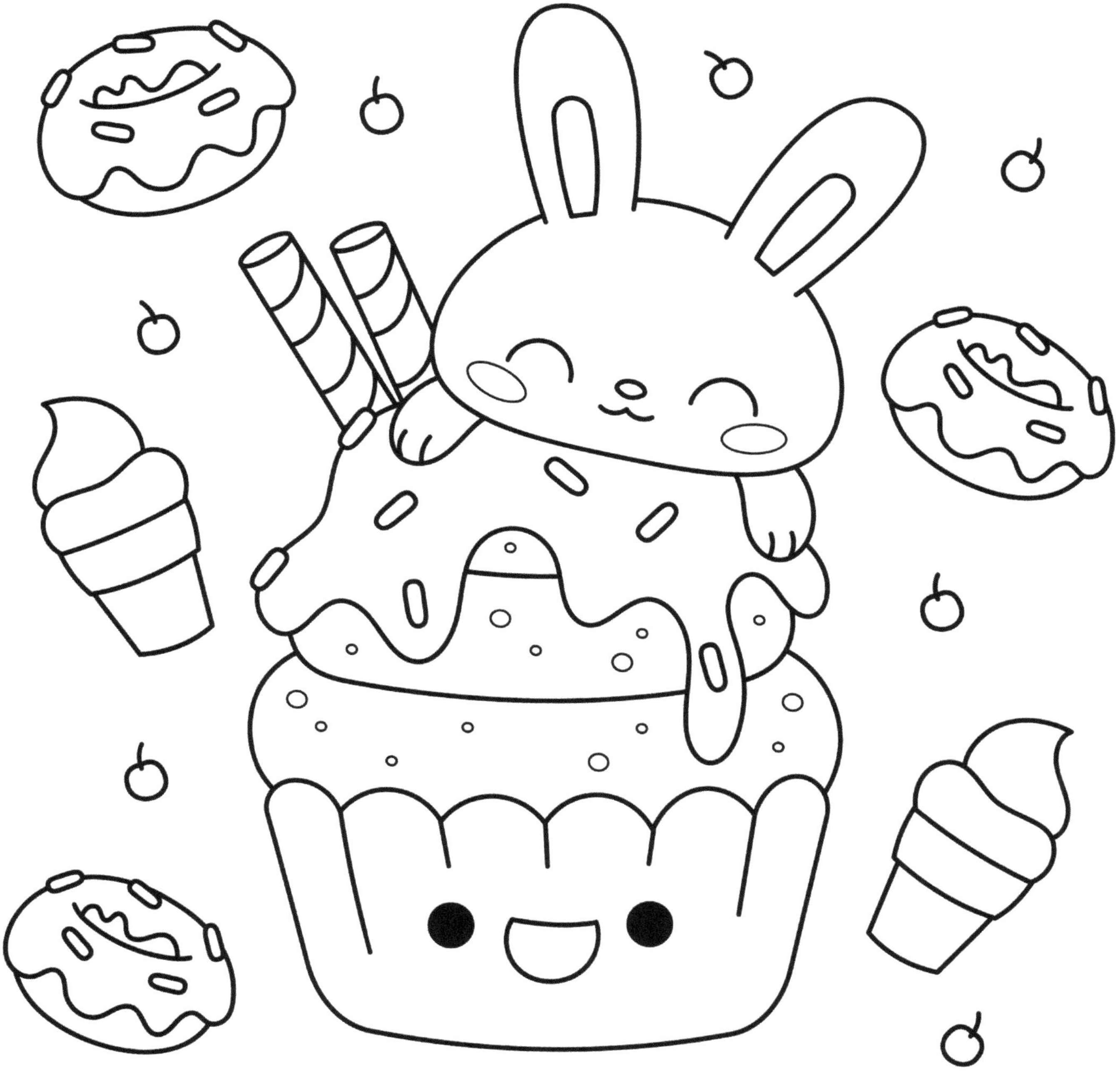

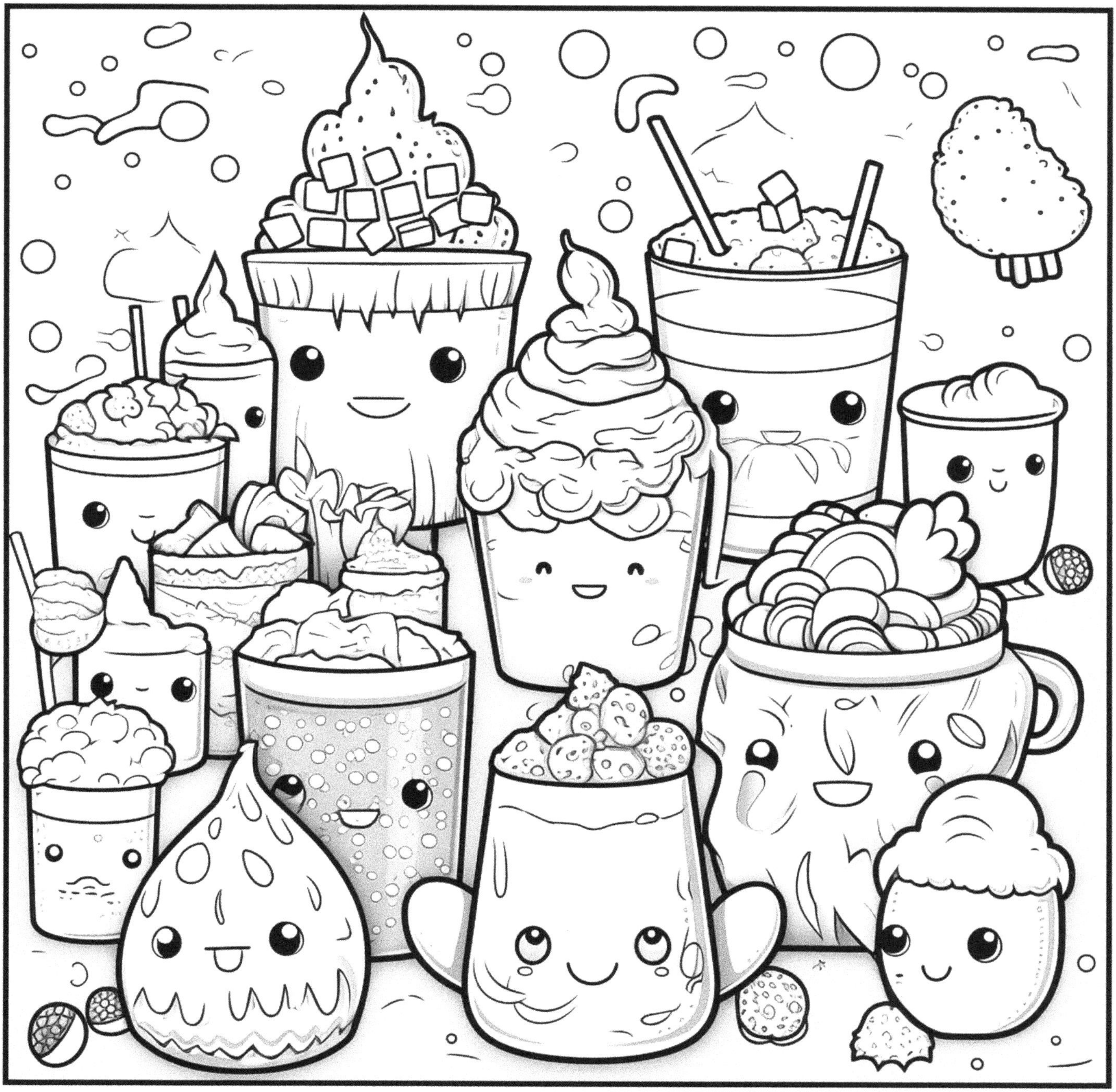

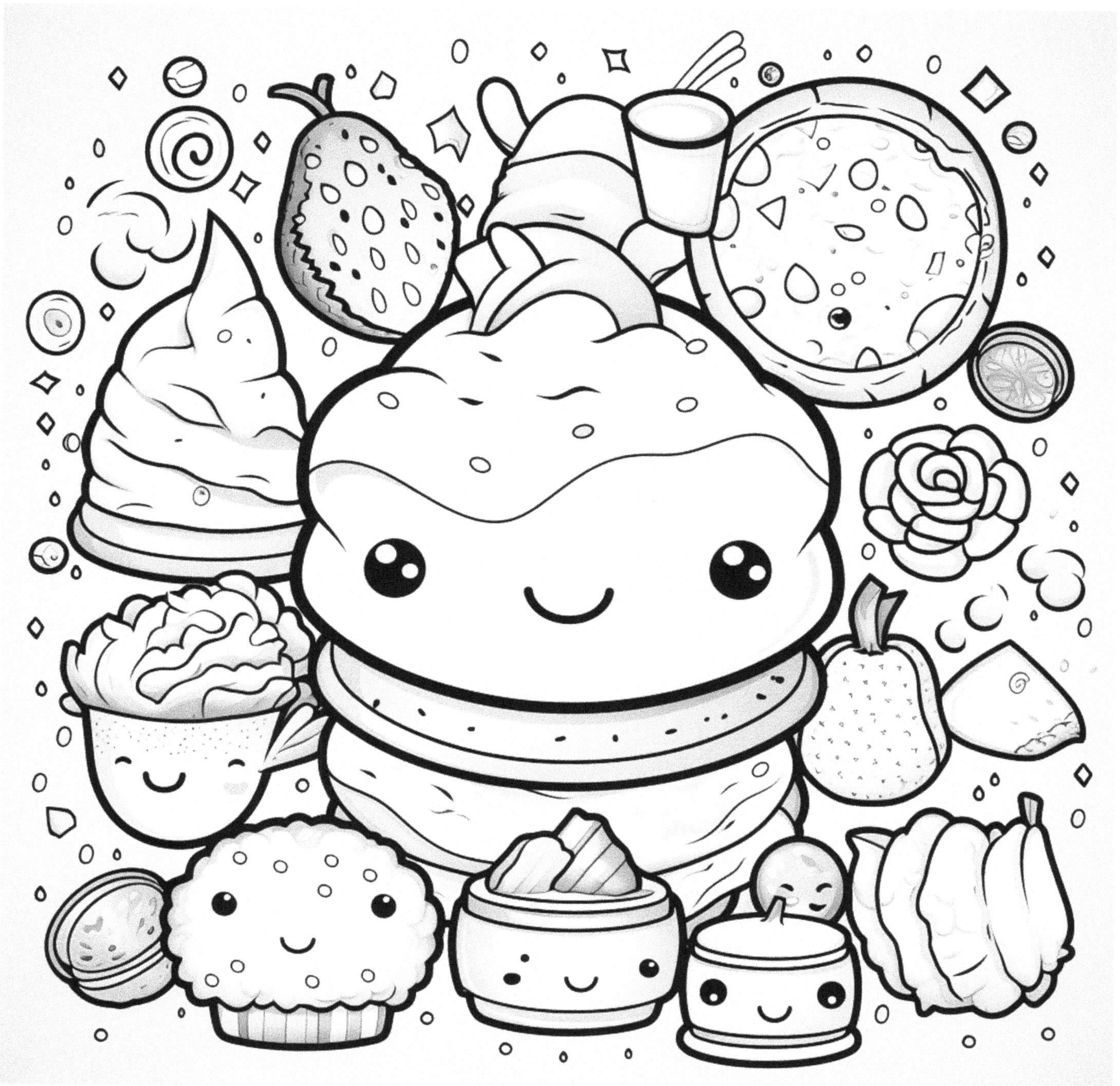

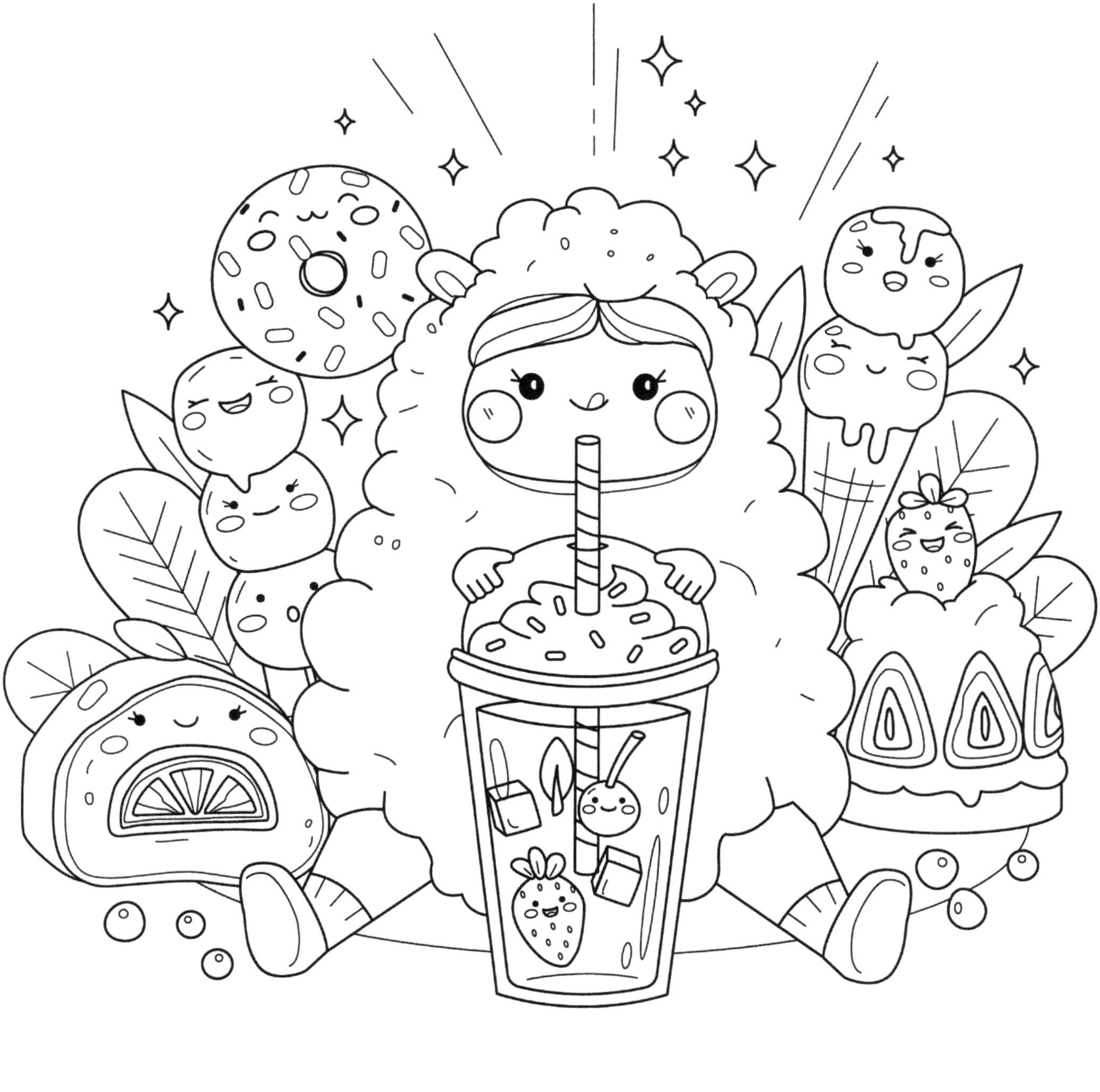

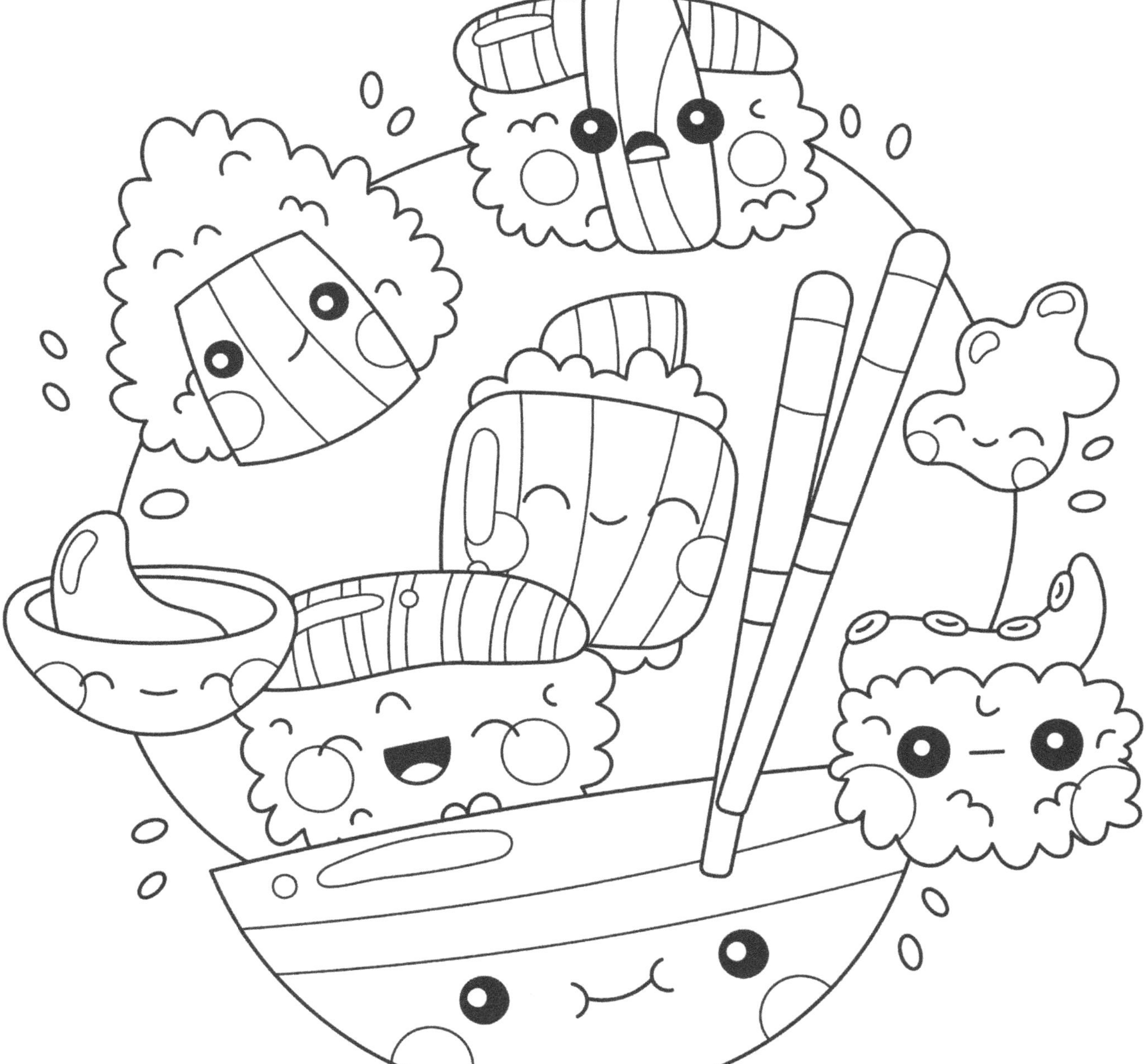

Milton Keynes UK
Ingram Content Group UK Ltd.
UKHW051350120424
440994UK00007B/182

9 798210 722232